Research on Consumer Brand Experience in
Smartphone Industry

智能手机行业
消费者品牌体验研究

宋明元　著

东北财经大学出版社　大连
Dongbei University of Finance & Economics Press

图书在版编目（CIP）数据

智能手机行业消费者品牌体验研究 / 宋明元著. —大连：东北财经大学出版社，2024.11. —ISBN 978-7-5654-5430-1

Ⅰ．F626.12

中国国家版本馆CIP数据核字第2024CT1525号

东北财经大学出版社出版发行

大连市黑石礁尖山街217号　邮政编码　116025

网　　址：http://www.dufep.cn

读者信箱：dufep@dufe.edu.cn

大连图腾彩色印刷有限公司印刷

幅面尺寸：170mm×240mm　字数：158千字　印张：11　插页：1

2024年11月第1版　　　2024年11月第1次印刷

责任编辑：张旭凤　　　　责任校对：刘贤恩

封面设计：原　皓　　　　版式设计：原　皓

定价：59.00元

前言

　　科技的创新与进步为高科技产品的研发与推广创造了前所未有的机遇，也为高科技企业的市场竞争带来了巨大的挑战，尤其是近年来备受关注的智能手机行业，各企业为了争夺尽可能多的市场份额和收益，通过技术更新、广告战、价格战等方式，进行着极其惨烈的市场竞争。现在的智能手机市场呈现出产品同质化日益严重的趋势，而品牌份额的分布却极不均衡，少数几个品牌占据了大部分市场。这一特点也存在于其他很多行业中，具有一定的代表性，值得深入探索和研究。有学者表示，影响消费者意愿的决定性因素已经由产品或服务的质量和价格，逐渐转变为品牌，是消费者对品牌的体验和互动，促成了消费者对品牌的购买，甚至重复多次购买。因此，探寻品牌体验对消费者行为的驱动影响就成为很多学者与企业家所关注的课题。虽然品牌体验在20世纪80年代就已被提及，但直到2009年才第一次作为独立的学术词汇被界定（布拉库斯和施密特，2009），对于其概念的界定及内部维度构建，至今尚未有统一的认识，缺少具有权威性和公信力的研究成果，也缺少有针对性的测量工具。除此之外，很多学者的研究局限于品牌体验与消费者忠诚的关系，而对于消费者行为的预测却很少，忽略了现象背后的本质和规律，即品牌体验对消费者行为影响的内在机制、影响路径、关键因素等，这些都需要通过科学的实证方法去检验和解释。

本书以智能手机行业为背景，以购买智能手机的消费者为研究对象，通过文献调研和相关理论回顾，探索品牌体验对消费者购买意愿的影响机制。本书力求在品牌体验的维度构建、对消费者行为的影响机制、不同消费群体间的影响差异等多个问题上尽可能更全面、深入、创新，重点进行了以下三项研究工作。

第一，回顾现有相关研究，结合定性深度访谈，本研究将智能手机行业的品牌体验界定为：消费者在对智能手机品牌的信息搜集、产品选购、购后服务等整个体验过程中，对品牌所形成的主观的、内在的、个性化的反应，以及品牌传递给消费者的品牌相关刺激物所引发的行为反应。接着，将品牌体验的内部结构划分为五个维度，即认知体验、产品体验、传播体验、情感体验和关联体验，设计开发了品牌体验五维度的测量量表，并通过实证检验，证明了测量量表良好的信度与效度。

第二，依据理性行为理论和计划行为理论，结合自我概念的相关研究，本研究构建并实证检验了品牌体验的五个维度通过自我概念一致性、品牌态度、主观规范和感知行为控制而影响消费者购买意愿的理论模型。检验结果显示，自我概念一致性、品牌态度、主观规范和感知行为控制是影响消费者购买意愿的最直接因素，自我概念一致性、品牌态度、主观规范和感知行为控制对购买意愿的影响都是正向且显著的。品牌体验的五个维度通过这四个中间变量间接影响购买意愿，其中，认知体验与传播体验对自我概念一致性有正向显著影响，五个维度都对品牌态度有正向显著影响，传播体验和关联体验对主观规范有正向显著影响，传播体验对感知行为控制有正向显著影响。综合来看，品牌态度对购买意愿的影响最大，其次是自我概念一致性；而在品牌体验的五个维度中，传播体验的影响路径最多（对四个中间变量都有影响），且对自我概念一致性、主观规范和感知行为控制三个变量的影响最大，而对品牌态度影响最大的是认知体验。

第三，回顾涉入度的相关研究，本研究将品牌涉入度进行了概念界定、类别划分和测量。基于本研究提出的理论模型，证明了理论模型在不同涉入度群体样本中的普适性，以及涉入度对品牌体验与购买意愿之间关系的调节作用。通过实证检验，分析了不同涉入度样本之间的路径差异和显著性。分析结果显示，消费者的品牌涉入度越高，品牌体验各维度对中间变量（自我概念一致性、品牌态度、主观规范和感知行为控制）的影响越显著，同时自我概念一致性、品牌态度、感知行为控制对购买意愿的影响也越显著，只有主观规范对购买意愿的影响随着涉入度的升高而减小。另外，产品体验对品牌态度的影响在不同涉入度群体之间的差异不显著。

本书的主要结论与创新点是：（1）测量量表开发与验证。依据理论文献与定性访谈，结合智能手机行业的特殊背景，首次尝试界定了品牌体验的概念并将其划分为五个维度，开发了品牌体验的五维度测量量表，并检验了量表的信度与效度。（2）理论模型验证。基于理性行为理论和计划行为理论，结合自我概念的相关研究，构建并实证检验了品牌体验五个维度通过自我概念一致性、品牌态度、主观规范、感知行为控制而间接影响购买意愿的理论模型，拓展了行为意愿的前因研究，丰富了传统的计划行为理论模型。（3）调节模型验证。依据品牌涉入度的高低将消费者划分为不同群体，实证检验了品牌体验对购买意愿的影响在不同涉入度群体之间的差异及显著性，证明了品牌涉入度对品牌体验与购买意愿之间关系的调节作用。

作　者

2024 年 9 月

目录

1　导论

本章主要介绍了研究背景并提出了所要研究的问题及其意义，对本研究所涉及的顾客体验、品牌体验、理性行为理论、计划行为理论等相关概念与理论进行了文献综述并以此作为本研究的理论基础，最后梳理本研究的研究思路、研究内容与研究方法，给出全书整体的结构安排。

1.1　研究背景

1.1.1　问题的提出

社会的演进与发展总是伴随着科技的进步与创新，为了满足人类日益增长的物质需求与精神需求，社会的经济形态正在发生着巨大变革，经济提供物的演进促使人类社会由农业经济、工业经济转向知识经济，甚至体验经济。很多学者就这一变革提出自己的观点。1970年，托夫勒提出由制造业、服务业转向体验业的经济演变三段论。更有学者预言，体验经济时代已经来临。近年来，体验及相关研究领域逐渐成为学术研究的焦点问题。随着研究的不断拓展与完善，学者对于体验的认知程度也逐渐加深，不论是学术派还是实践派，都开始将体验从产品和服务中剥离，成为新一代独立的经济提供物[1]。

在市场营销领域，体验经济的到来催生了很多新的现象与趋势，例如消费者在购买行为发生的整个过程中，对情感投入的加深、自身个性的凸显、参与程度的提高、社交功能的重视等，都与传统的营销方式和消费者行为有所区别。营销模式在此背景下也在酝酿创新和突破，所以，体验营销这一模式应运而生。为了吸引更多消费者的关注和兴趣，为了提升消费者的购买意愿，很多企业已经开始探索体验营销对消费者行为的影响，如三星、苹果、华为、小米等知名公司，它们都试图在新的营销模式中引导和培养消费者行为，扩大客户群体，拓展市场份额。

品牌体验是基于学者对体验的研究发展而来的，它存在于消费者对产品、服务和业务的体验中，是一个更抽象、更高层次的体验过程。2005年，品牌体验作为营销领域的专有名词，被学者本内特（Bennett）第一次提出[2]，被解释为贯穿于消费者购买全过程，包括购前的信息搜集阶段、购中的产品或服务的接触与享受阶段、购后的消费感受阶段。应该说，品牌体验是企业提升品牌价值的有效方式，它不是单一针对某件产品或某项服务的接触与使用，而是品牌与消费者在互动过程中一系列相关事件的积累。这种积累可以创造价值，并在积累到一定程度时达到对品牌的体验，这种体验包括实际的功能、情感的依赖和忠诚、社交的满足、行为意愿的产生甚至自我的实现等。

品牌体验这一营销模式被广泛应用于如主题公园、家居广场、网络购物、虚拟社区等多个领域，尤其是在产品日益同质化、品牌分布日益不均衡的智能手机行业，它对消费者购买意愿的刺激和购买行为的引导越来越明显。品牌具有竞争性和排他性，企业依靠品牌所传递的体验所建立的顾客忠诚要比其他方式更加牢靠和持久。

本研究之所以会选择智能手机行业作为研究对象和背景，主要是出于两大原因的考虑。第一，近年来，智能手机行业呈现出爆炸式的增长势头，我国已经成为全球最大的智能手机市场，且市场潜力巨大，值得我们给予足够的关注和重视。根据知名机构 IDC、Canalys、Counterpoint 发布的数据：2022年，中国的智能手机用户已超过9.5亿，在全球遥遥领先，比排名第2~4名的印度、美国和印度尼西亚的总和还要多。中国智能手机市场出货量在2022年和2023年分别达到了2.87亿台和2.73亿台。庞大的市场规模使智能手机行业备受关注。第二，与很多服务性行业相似，智能手机行业出现了明显的产品同质化与品牌分布不均衡的矛盾，具有一定的代表性。消费者在选择和购买智能手机时的核心诉求从产品本身的外形、功能、质量、技术能力甚至价格逐渐转向品牌。换句话说，在这个追求差异化的消费时代，由于产品及服务在多个维度层面的同质性越来越明显，决定消费者行为意愿的关键因素已变成品牌所传递出的刺激和体验，只有品牌及品牌所带来的体验才会给消费者带来差异性的感受。在整个智能手机行业的产品趋于同质化的同时，与之形成鲜明反差的是，品牌的分布呈现出极端的不均衡。2023年，90%以上的市场份额和利润份额集中在少数几个知名强势品牌，包括苹果、vivo、OPPO、荣耀、小米、华为等，可见品牌体验的力量是多么强大。

综上所述，我们不禁提出以下3个疑问：第一，品牌所传递的刺激和体验到底是什么？第二，品牌体验如何影响消费者的购买意愿？第三，针对不同特征的消费群体，品牌体验对消费者购买意愿的影响是否有差异？为了回答上述3个问题，本研究拟解决3个关键性问题：第一，界定品牌体验的概念，并开发其测量量表；第二，探讨品牌体验对消费者购买意愿的影响机制；第三，针对不同品牌涉入度的消费群体，分别探讨品牌体验对购买意愿的影响关系，检验品牌体验对高、低涉入者群体的影响差异是否具有显著性。

1.1.2 研究意义

（1）理论意义

第一，以智能手机行业为背景，界定了品牌体验的概念与内部维度结构，开发并验证了相应的测量量表，拓展了顾客体验与品牌体验等领域的理论发展。通过文献调研发现，由于缺乏定量的实证研究，国内外学者对品牌体验的研究深度和广度都比较有限，且尚未在概念界定和内部维度结构等方面形成较为统一的认知。本研究基于前人对品牌体验的研究观点，结合智能手机行业背景和深度访谈结果，界定了品牌体验的概念，并创造性地将其划分为五个维度，即认知体验、产品体验、传播体验、情感体验和关联体验，开发了相应的测量量表，通过一系列信度与效度检验，证明了维度划分的合理性和测量量表的可用性。希望本研究对品牌体验的概念界定、维度划分和量表开发能够为今后体验营销领域的研究提供基础性的支持。

第二，探讨了品牌体验对消费者购买意愿的影响机制与路径关系。品牌体验作为体验营销领域中较新的营销理念，若想引导和预测消费者的购买意愿和行为，首先要与影响购买意愿的关键因素建立联系。本研究基于理性行为理论和计划行为理论，结合自我概念的研究综述与深度访谈的结果，构建了品牌体验五个维度分别通过自我概念一致性、品牌态度、主观规范和感知行为控制而影响购买意愿的理论模型，并对该理论模型的路径关系进行了实证分析与检验。本研究中特别加入的自我概念一致性这一概念将丰富传统的计划行为理论模型，提升模型整体的预测能力，理论模型的检验结论也将丰富该学术领域的实证研究。

第三，探讨了由于品牌涉入度的差异而引起的品牌体验对购买意愿的影响差异。本研究对涉入度的相关研究进行了综述，按照学者建议的做法将调研对象划分为高涉入者与低涉入者两个群体。分别对两个群体的理论模型进行分析和检验，并将两组结果对比，进一步分析和检验两个群体中品牌体验对购买意愿的影响差异及其差异的统计显著性。这是品牌体验与购买意愿之间关于品牌涉入度的权变研究，验证了本研究的理论模型在不同特征群体中的适用性，也为单一调节变量的实证研究提供了参考。

（2）实践意义

第一，界定品牌体验的概念和内部维度结构，能够帮助企业更准确地认识品牌与消费者之间互动和传递的是什么，切实意识到品牌的价值与作用。在营销活动中，企业将更有针对性地传递品牌刺激和产品体验，获取消费者的喜爱和认同，在媒体广告、产品试用、品牌形象、社交功能等方面全面提升体验感知，加强与消费者的情感联系，建立长期的顾客忠诚。而测量量表的开发可以帮助企业诊断自身在品牌营销过程中的不足，更有针对性地发现问题和解决问题。

第二，对品牌体验与购买意愿之间关系的实证研究将以定性与定量相结合的方式，为企业在多变的市场竞争中提供可操作的理论指导。企业可以在思考如何通过品牌体验促使消费者购买行为发生的问题上，不断梳理和转变营销思路，找到企业的核心竞争力与关键路径，有目的地制定品牌营销策略，更好地满足消费者需求，保持和扩大客户群体。

第三，探讨品牌涉入度对品牌体验与购买意愿的调节作用有利于企业更加有准备地进行市场细分和客户管理。针对不同客户群体的特征与需求，制定相应的营销策略来吸引和维护客户，因地制宜，有的放矢，企业将在品牌理念的推广、产品的研发、媒体的宣传等方面都更有针对性和目的性。

1.2 研究进展

1.2.1 顾客体验研究综述

（1）顾客体验的概念

很多企业（特别是在服务行业）为了增强其自身竞争优势，都想为顾客提供独特的体验感受，这已经成为近年来越来越显著的一种趋势。应该说，顾客体验这一概念已经不算是新鲜词汇了，因为在过去的几十年中，市场营销领域的很多学者都已经开始关注这一概念。派恩（Pine）和吉尔摩（Gilmore）在1999年第一次提出了体验经济的概念，并将其定义为一种新的服务经济的诞生，即"一种全新的、新兴的经济形态正在生长出萌芽，它基于一种区别于以往的经济输出形式，是继产品和服务之后，出现的另一种经济提供物"[3]。它可以交换和传递功能和价值。可以说，体验与产品和服务类似，都要满足消费者的需求，符合消费者的消费结构和能力，但是体验与产品和服务又有区别，因为它是看不见、摸不着的，体验不只传递功能和质量，更重要的是，还传递一种精神和心理层面的享受和经历。施密特（Schmitt）在同一年稍后的研究中再一次印证了派恩和吉尔摩的想法[4]，他说："我们正处于一场革命当中，这场革命将致使传统营销领域的规则和模型全部淘汰，这场革命将致使体验营销替代传统的营销模式。"具体来说，就是体验将通过一定的载体（产品、服务、环境等）为消费者提供某种刺激或感受，使消费者获得并提升感知价值，引导甚至诱发消费者对某产品或服务的态度"从无到有"或者"由负变正"。现在的消费群体普遍具有感性甚至冲动的特点，理性因素的作用越来越小，产品或服务的功能性在消费者心中由"最重要"条件逐渐变为"最基本"条件，而情感性和娱乐性的比重却在升高。消费者在购买过程中的重点已经由产品或服务本身的质量或者功能，逐步转变为消费过程中的美好体验和感受，应该说，消费中的美好情感和心理享受将替代消费对象本身，成为决定消费者最终决策的最关键因素。

在市场营销学领域中，学者对于顾客体验的关注已经有很长的一段时间了，从20世纪40年代的萌芽时期，到80年代的实证研究兴起。诺里斯（Norris）提出，品牌提供给消费者的体验可以创造出价值。随后，托夫勒在《未来的冲击》中提及顾客体验的概念。而大家公认的是，在20世纪80年代中期，霍尔布鲁克（Holbrook）和赫希曼（Hirschman）对"顾客体验"和"快乐消费"的讨论使顾客体验这一概念在理论上得到了承认[5]。

随着顾客体验这一概念的出现，很多学者都开始将关注点转移到顾客体验对企业的价值贡献上，并在该领域取得了一定的成绩[6-8]。当我们仔细回顾现有的营销领域的文献和研究，我们发现只有很少的一部分研究在试图界定顾客体验的概念及其维度。换句话说，顾客体验的概念在目前还没有被很好地定义[7]。很多学者开始研究"顾客体验影响顾客忠诚"的相关命题[9]。消费者在消费过程中所寻求的满足感远不仅限于某个产品、某项服务、某个品牌及品牌所属企业。他们需要的是一种独特的体验来满足他们的欲望。例如，体验可以激发出比顾客满意或愉悦更高层次的情感，这种体验的形成更有利于发展长期的顾客忠诚关系。顾客体验及其内在本质的学术问题仍然有巨大的空间需要去研究和探索。

很多学者都曾用不同的角度和方法去定义顾客体验这一概念。拉萨尔（Lasalle）和布里顿（Britton）在 2003 年提出"全面体验"的概念[10]，他们将自然人看作可以与企业或他人发生一切互动的整体；派恩和吉尔摩提出了将体验看作各个阶段（时期）中难以忘记和值得记忆的事件，但这种说法被很多学者质疑，原因是这种观点没有考虑到顾客所起到的具有建设性的、联合创造性的作用[3]；普拉哈拉德（Prahalad）和拉马斯瓦米（Ramaswamy）在 2004 年所提出的体验联合创造的观点[11]认为，与其说派恩和吉尔摩所认为的体验不是企业所销售的产品，不如说是企业为顾客的体验提供了一个平台，该平台是消费者用来共同创造他们自身的、独一无二的体验。普拉哈拉德和拉马斯瓦米把全体消费者看作他们自身体验的共同创造者。也有学者认为，消费者判断企业的提供物，不是依据提供物的特点，而是依据这些提供物为他们带来了多大程度的、原本预想的体验。因此，卡鲁（Caru）和科瓦（Cova）在 2007 年对体验所界定的"持续的消费体验"的范畴就从以消费者之间为主要结构大大拓展到以企业之间为主要结构，演变成消费者和企业共同创造的体验[12]。

综合上述学者对顾客体验概念的定义及剖析，我们可以得出，顾客体验是发生在消费过程中的、能够满足顾客认知需求和情感需求的经历。它能够提升顾客对某种产品、服务及环境的感知质量，而顾客感知则包含理性和感性两个层面。理性层面是对产品或服务的认识及判断，从而给出客观正确的评价；感性层面更多地是在感官刺激、环境享受及情感联系等方面表现出来。相比之下，感性层面由于主要依靠情感和情绪的作用而显得更具影响。同时，顾客体验不是单独存在的，感性和理性因素会互相影响和作用，形成综合的感知价值，进而影响顾客最终的消费决策。各学者对顾客体验这一概念的定义整理如表 1-1 所示。

表 1-1 顾客体验的概念

学者	顾客体验的概念
霍尔布鲁克和赫希曼 (1982)[5]	体验被定义成个体事件，并经常被赋予重要的情感意义，这种体验建立在消费产品或服务的相互刺激的过程中
阿诺尔德（Arnould）和普莱斯（Price） (1993)[13]	这种特别的经历是以高水平的情感强度为特点，并由特别事件所引发的
派恩和吉尔摩 (1999)[3]	从商业角度说，体验是个性化地吸引个体的事件
施密特 (1999)[4]	从顾客角度说，体验在生活中无所不在，不论它们是真实的、梦幻的还是虚拟的，通常都是由直接观察和参与事件得到的
罗宾内特（Robinette） (2002)	体验是企业和消费者之间交换感官刺激、信息和情感的事件的集合
肖（Shaw）和伊文斯（Ivens） (2002)[14]	体验是组织与个体之间的一种互动，也是组织的身体性能、感官刺激和情感诱发的混合体，每一点都直观地测量出整个接触过程中的顾客体验
詹特利 (2007)[12]	顾客体验源自顾客与产品、企业或部分组织之间的一系列相互作用。这种体验完全是个人的，并意味着顾客参与水平的不一样。这种水平的评估取决于顾客的预期与来源于企业的相互作用所带来的刺激相比较，它将提供不同时刻的接触点的一致性
艾哈迈德-拉盖赫-伊斯梅尔（Ahmed Rageh Ismail） (2011)[15]	体验是在消费的前、中、后期通过与企业的积极互动和参与所引发的情感、产生的感觉、获取的心得和需要的技术

续表

学者	顾客体验的概念
马颖杰和杨德锋（2014）[16]	消费场景下的服务体验价值是顾客价值的一种形式，是顾客对消费体验过程中所表现出来的效果的主观价值判断
申光龙等（2016）[17]	在虚拟社区情境下，顾客体验是与顾客自身偏好相关的体验，具有相对性和互动性的特点
曾艳芳等（2022）[18]	旅游场景下的体验是游客对产品或服务水平的感知

（2）顾客体验的特点

根据上述体验的定义及概念剖析，本研究发现，顾客体验作为一种新的经济提供物具有六大特点。

第一，感知性。体验是发生于消费者内在的、独特的、非凡的感受和感知[10]；整个体验的过程就是一个顾客获得感知的过程。起初，由于顾客大多接收到感官的刺激，所形成的反应即为对该产品、服务或环境的初步印象。随着体验的发展和深入，顾客的感知逐渐理性和准确。可以说，人对于周围事物的认识，包括表象、本质、互相的联系都是知觉的范畴[19]，最初的感觉和深入后的知觉都是顾客感知价值的重要组成部分。心理学家指出，感觉和思考可以帮助人们接受和评价客观事物[20]，从这个角度说，感知是与外界互动后发生反应行为的心理过程，具有理性与感性双重因素，可以帮助和影响顾客的评价和判断[21]。

第二，差异性。体验是将顾客的所有感知融合，形成个体独有的感知[22]；每个顾客的主观感受与体验感知的差异，必然会对同一产品或服务过程形成不同的体验享受[23-24]，也就是说，不可能同时存在两个及更多的完全相同的体验。体验的这种互异性是由体验者自身的多种因素决定的，如年龄差异、教育程度、生活方式、选择偏好等，从而形成不同的体验感知。

第三，互动性。体验是由相关提供者针对消费者有意识设计的，从而形成行为互动或者社会互动；体验与其他方式最大的不同就在于顾客要身处其中，与产品、服务及环境形成双向的信息交换，可以说，没有互动和参与，就没有体验[25]。这种双向的互动相对于传统的顾客被动接受信息的方式来说，可以更显著地体现出顾客的主观意愿，更易于激发顾客的热情和情感，当顾客的消费意愿与行为从主观发生时，消费行为就更易于发生。这种双向互动的形式也是体验营销区别于传统营销方式的主要特征。

第四，主观性。体验在本质上是主观的，每个个体都通过自身的素养、知识、技能等要素建立主观的体验感受，并整合市场环境所提供的所有资源而做出评价；对某种体验的评价结果，大多取决于实际体验效果与顾客主观预期的比较价值。

第五，动态性。体验的过程会产生感知价值，但这种感知不是固定不变的，顾客体验是一个随着体验对象和体验情境的变化而改变的动态过程，所以，企业要在动态的体验过程中把握顾客的情绪不是一件容易的事，这需要体验设计者对体验过程时时监控和反馈，掌握顾客心理需求的变化，满足顾客的需求，提升顾客的感知质量和价值。

第六，情感性。情感是体验中最基本的构成部分[26]，体验的过程会同时形成感知和情感[27]，相比较而言，情感的部分是顾客体验的核心。阿迪斯（Addis）和霍尔布鲁克希望学者多关注情感要素在消费者行为中所起的作用，如愉悦、关注、享受，甚至反感、憎恶、漠不关心等，都是顾客在体验过程中形成的主观情绪和情感[6]。实际上，消费者既是情感者，又是思考者和行动者，在消费的过程中，这一点更加显著，消费者需要娱乐和乐趣，在购买行为发生之前，情感体验的需求与产品功能性、品牌选择一样重要。心理学家指出，体验中的情感不仅仅是对客观事物的第一印象，更多的是主观的一种情绪，这种情绪是内在的、难忘的、具有价值的[3]。因为它能够使顾客去享受自身与企业之间发生关联时的难忘经历，这种感受和经历比单纯的销售经历更加有价值；在消费者购买某些特别种类的产品时，情感的激发可能是消费者购买行为发生的最大动力，比如小说、喜剧、体育赛事等[5]。

（3）顾客体验的分类

从 1982 年至今，关于体验的维度的研究就从未间断过，很多学者
都从不同的角度对体验这一概念的内部结构和维度进行了研究和讨论，
产生了很多重要的学术观点。

"多维度"的观点可以追溯到 1982 年霍尔布鲁克和赫希曼对顾客
体验概念的研究[5]，该研究提出了幻想、情感和乐趣三个维度。后
来，阿诺尔德和普莱斯在 1993 年的一项针对游船顾客体验的研究中，
定义了顾客体验的三个方面，即与自然的和谐、团体的成长和延续、
个人的成长和延续[13]。这两位学者还使用了不同的研究方法，针对
这一研究群体观察了七个多月的时间，该群体不仅包括游船探险的
游客，还包括导游。然而，他们当时声称该研究结果将对更宽泛的
服务领域和消费者行为给予启示，但是不能归纳出该研究群体以外
的样本规律。

奥托（Otto）和里奇（Ritchie）在 1996 年以旅游业为例（包括航空
业、酒店业、旅游景区）提供了另一种测量服务体验内部结构的方
法[28]。"服务体验"一词涉及很多顾客和供应商之间在服务交换过程中
的交往和互动[29]。但是，奥托和里奇的研究是不完备的，就服务体验
测量量表的内容效度、维度、内部可靠性来说，因子分析完成后，检验
结果的信度和效度都没有通过。奥托和里奇的研究将服务体验定义为六
个维度，分别是快乐、新奇、刺激、安全、舒适和互动。正如他们在引
用中所提到的那样，前三个维度与贝洛（Bello）和埃策尔（Etzel）[30]、
哈夫勒纳（Havlena）和霍尔布鲁克[31]、霍尔布鲁克和赫希曼[5]所描述
的体验效益是一致的。而"安全"这一维度产生于马斯洛（Maslow）的
需求层级理论，"舒适"则是服务接触中最基本的利益。不久之后，服
务体验的这六个维度减少为四个维度，即快乐、逃避情感、内心平静和
识别。最后，奥沙利文（O'Sullivan）和斯庞勒（Spangler）（1998）提
出体验的结构是复杂的，可以被一系列连续的变量测量，这些变量包括
实际或虚拟、新奇或大众、大规模生产或定制化服务的程度、与其他人
互动的水平[32]。

在体验营销的操作性观点中，派恩和吉尔摩通过"顾客参与水平"

和"顾客与事件的环境关系"两个维度，将顾客体验描述成一个四维矩阵 [3]，即娱乐、教育、审美和逃避。娱乐是最常见和最简单的体验方式，顾客由于感官受到刺激而被动地与外界进行信息交换，产生快乐、愉悦等正面的情绪。教育则与娱乐不同，这种体验是顾客自身积极主动地参与体验过程，学习和掌握原本并不熟悉的信息，这种对未知的兴趣和探寻，会激发顾客的精神和身体同时投入全面的体验情境。逃避相较于娱乐和教育，属于顾客更深层次的体验，顾客容易深陷其中，主动性和积极性都会提高。而审美则是指体验的情境对顾客的影响很小，顾客较容易抽离。这四种体验维度互相渗透，互相影响，同时作用于一个体验过程。

尽管派恩和吉尔摩提出并发展了顾客体验的这种结构，使我们大概了解了顾客体验的本质，但是他们的研究缺少对这些维度的详细分析和测量量表。但学者吴（Oh）、菲奥雷（Fiore）和郑（Jeoung）在2007年尝试了新的研究 [33]，开发了旅游目的地寄宿体验的初始测量量表。他们设计并检验了顾客在农村寄宿体验的四个维度。此外，该研究引入了一些相关的理论变量，如唤醒、记忆、综合质量和顾客满意。不过，该研究仅关注服务业很小的一部分，代表性和延展性略有不足。

施密特将人脑分为不同的功能战略模块，并以此为依据，将体验分为感官、情感、思考、行为和关联五个维度 [4]。这五个不同的功能战略模块既彼此独立，又互相影响。感官体验主要是依靠视觉、听觉等感官刺激为顾客提供体验价值，使顾客产生行为态度和倾向；情感体验主要依靠情境、气氛或产品服务本身的功能和乐趣，引起顾客兴趣，使顾客产生愉悦的情绪，愿意深入了解产品或服务，进而产生行为态度和倾向；思考体验主要是激发顾客的好奇心，引导顾客主动参与，并对产品或服务产生兴趣；行为体验主要是通过体验感受到体验给生活方式和行为方式带来的改变，意识到体验带来的便利和帮助；关联体验主要是顾客与其所属的社会群体通过体验而产生关联，当然，这种关联的前提是顾客与社会群体具有相似的属性，如教育背景、兴趣爱好、价值观等，这使顾客能够感到与社会群体交往的快乐和认可，也找到一种归属感。

后来，施密特又将这五个维度分为个人体验和社会体验两个部分，前三个维度属个人体验，主要指单一个体的体验感受，后两个维度属于社会体验，主要指个体与他人或社会群体的关系和体验感受。

波尔松（Poulsson）和卡莱（Kale）在 2004 年提出[34]，派恩和吉尔摩所提出的商业体验与其他种类的体验接触没有明确的区别。从而，他们提出了商业体验构成的问题，商业体验将极有可能提供产品的差异化和竞争优势。因此，他们提出了成功的体验所包含的五个基本元素，即个人关联性、新奇、惊讶、学习和契约，并将其作为成功体验的组成部分，为十个体验供应者提供结构化的访谈，这十个体验供应者来自多个行业，如零售业、攀岩馆、主题公园、博物院、热气球飞车等。

马斯卡连哈斯（Mascarenhas）、凯塞万（Kesevan）和贝尔纳奇（Bernacchi）在 2006 年宣称所有的顾客体验都包含身体要素和情感要素[35]。他们强调体验都是在依靠顾客且在一定环境下发生的。

詹特利等学者在 2007 年对顾客体验指出多维度结构的概念[12]，并将其划分为六个维度。① 感官，即可以影响到感官的刺激，如视觉、听觉、触觉、味觉和嗅觉，只要其能激发好的感受，如愉悦、兴奋、满意及美感等。② 情感，它包含顾客整个的情感系统，如心情、情绪和感情。③ 认知，它与顾客解决问题时的思维过程和创造力有关。④ 实用，它不仅包括购买之后的产品功用，还涉及产品生命周期的各个阶段。⑤ 生活方式，体验的这个维度表明，产品本身的消费和使用已经变为企业和品牌所代表的价值的附属价值。⑥ 关联性，它涉及与他人有关的人和产品的消费与使用。

布拉库斯（Brakus）、施密特和扎兰托内罗（Zarantonello）在 2009 年对体验定义了四个要素，即感官、情感、行为和思考[22]。

朱（Zhu）等（2022）在对线上社交的研究中发现，用户可以通过线上交流获得社交体验和娱乐体验，同时也可通过各种活动获得知识和信息，因此将用户的体验划分为信息、娱乐和社会价值[36]。

将学者对顾客体验维度的研究简单汇总，如表1-2所示。

表 1-2   顾客体验的维度划分汇总

学者	维度内容
阿诺尔德和普莱斯 (1993) [13]	①与自然的和谐；②团体的成长和延续；③个体的成长和延续
奥托和里奇 (1996) [28]	①快乐；②新奇；③刺激；④安全；⑤舒适；⑥互动
派恩和吉尔摩 (1999) [3]	①娱乐；②教育；③审美；④逃避
施密特 (1999) [4]	①感官；②情感；③思考；④行为；⑤关联
吴等学者 (2007) [33]	①唤醒；②记忆；③综合质量；④顾客满意
布拉库斯等学者 (2009) [22]	①行为要素；②感官要素；③智力要素；④情感要素
马颖杰和西杨德 (2014) [16]	①功能性；②情感性；③社会性
朱等学者 (2022) [36]	①信息；②娱乐；③社会价值

综上所述，顾客体验有很多不同的概念及维度划分，如同一个伞状结构，最终形成独特的维度构成。尽管如此，至今为止对顾客体验的定义和维度划分还没有一个统一的说法。但在后续的研究中，在该领域较有影响力和权威性的是派恩和吉尔摩以及施密特的维度结构。

国内的很多学者从21世纪初也开始关注这一领域的研究，并在之前西方学者研究的基础上取得了一定的研究成果。学者周兆晴（2004）将施密特的五维战略模块与马斯洛的需求层级理论相结合，将体验划分为情感、娱乐和文化三个维度[37]。同周兆晴一样，学者邱晓文也得出了与施密特相似的结果[38]。而学者陈建勋则提出顾客体验的五个等级，由负到正地划分为消极体验、无体验、低度体验、中度体验、高度体验[39]。学者范秀成将顾客体验划分为功能体验、情感体验、社会体

验[40]。另外，学者郭红丽和袁道唯共同提出了顾客体验维度的金字塔
排列[41]，如图1-1所示。该模型对企业与顾客之间的体验传递具有重
要的启示意义。

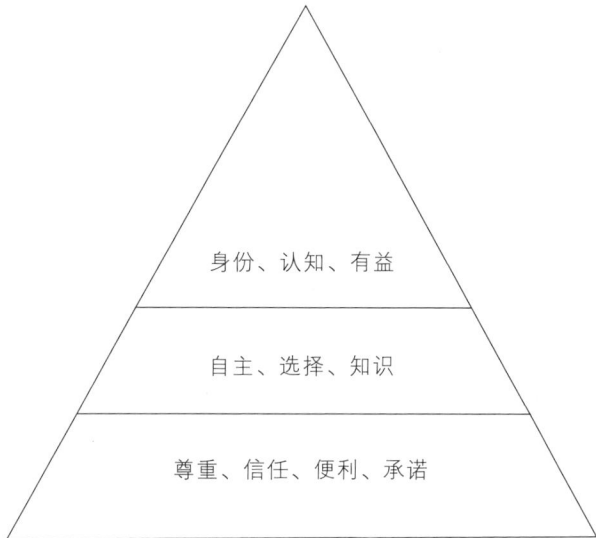

图1-1　顾客体验的金字塔模型

1.2.2　品牌体验研究综述

（1）品牌体验的概念

迄今为止，大多数对于体验的研究都集中于产品的属性和种类的体
验，很少有来源于产品或服务品牌的体验。从一般意义上说，所谓品
牌，就是品牌的名称、标识、符号设计及它们的组合，用于识别某些产
品或服务，并在市场竞争中区别于其他同类产品或服务[42]。在产品同
质化、顾客需求个性化趋势愈发显著的今天，消费者对于产品或服务体
验的关注点，已经由产品或服务本身的质量和功能，逐步转向品牌及品
牌相关刺激所带来的体验。很多学者已经开始关注品牌体验的研究，并
从不同的角度界定了品牌体验的概念。

阿尔巴（Alba）和哈钦森（Hutchinson）在1987年提出[43]，品牌
体验是消费者对品牌及其属性的了解和熟悉程度，与产品或服务的体验
相比，品牌体验具有更深层次的意义和影响。

罗斯（Ross）在2002年提出，品牌体验通过直接的接触交流，将从功能性和情感性两个方面引发消费者的关注。

本内特在2004年提出[2]，品牌体验源自品牌和消费者之间的互动与交流，形成个性化感受，这种个性化的感受贯穿于消费者从产品或服务的识别、选择到购买和使用的整个过程。该研究以广告业为背景，以实证分析的方法对"品牌体验"下了定义。

布拉库斯和施密特在2009年提出[22]，当顾客寻找和购买品牌时，他们表现出来的不仅仅是对产品功能性的需求，更重要的是各种来自于与品牌有关的特殊刺激，如品牌自身特有的颜色、形状、字体、文化背景等设计元素，以及品牌口号、品牌代言人和品牌个性等。这些品牌相关的刺激物作为品牌识别、设计、包装和营销传播的一部分，在市场中被推广和购买。这些品牌相关刺激物构成了最主要的、带有主观性和内在性的消费者回应的来源，我们把这些称作"品牌体验"。该研究在品牌体验研究领域内具有较高的权威性和影响力，他们对品牌体验的定义是，品牌体验是消费者对品牌的主观的、内在的反应（包括感觉、情感和认知）以及由品牌相关刺激（包括品牌设计和识别、包装、沟通等）所引发的行为反应。该研究为品牌体验的后续研究奠定了重要基础。

学者张红明（2003）提出[44]，品牌体验是品牌和体验共同创造人格化的过程。

学者吴水龙（2009）提出[45]，品牌体验是消费者与品牌之间互动时各种品牌相关刺激的累积，是品牌带给消费者一系列的感受和经历。

综上所述，在多年的相关研究中，很多学者都对品牌体验这一概念进行了研究和剖析，但在概念的内涵剖析、维度结构的划分、测量量表的开发等方面的探讨和研究仍不完善，对于不同行业背景下，品牌体验对品牌关系和消费者行为的内在影响机制尚未形成统一认识。所以，本研究以智能手机行业为背景，对品牌体验的概念及维度结构进行深入分析、探讨和建立。

（2）品牌体验的维度划分

由于品牌体验的概念界定至今尚没有统一的认知，所以对品牌体验内部结构的维度划分的研究相对更少。尽管如此，本研究还是汇总了迄今为止国内外学者对品牌体验维度划分的主要观点。虽然这些观点的角度和切入点有所不同，但是他们对于品牌体验维度的划分和构成，甚至测量量表的开发都为该领域的后续研究提供了重要的参考依据。

克里斯南（Krishnan）提出[46]，品牌体验的维度可划分为直接体验和间接体验。直接体验主要指消费者与品牌发生直接接触，如试用、购买、使用等；而间接体验主要是指消费者与品牌通过第三方发生接触，如广告、媒体、口碑等。

本内特等学者对品牌体验的内部结构进行了探索和研究[2]，他们提出，品牌体验可以分为内部与外部两个部分。具体地说，外部是一个获取信息的过程，消费者与品牌的互动初期，可得到的品牌信息相对较少，感知风险相对较高，随着整个体验互动过程的深入，消费者会从品牌产品或服务的选择、购买、使用甚至重购等各环节获取信息，使感知风险降低，感知质量提高。而品牌体验的内部是消费者与品牌的互动而产生的个性化、差异化的独特感受，这种感受因人而异，形成高低不同的品牌体验价值。

马斯卡连哈斯等学者将前人对品牌体验的内涵研究进行了拓展和延伸[35]，将品牌体验的维度划分为具有阶梯式层次的三大力矩，即物理属性介入力矩、情感介入力矩和价值主张介入力矩。物理属性介入力矩属于品牌体验的初级层次，消费者与传递品牌体验的不同载体发生接触和互动，会对品牌的基本属性有所认知，如知名度、标识、代言人（直接载体）以及产品或服务（间接载体）。这种认知虽然是粗浅的，却是引导消费者继续了解该品牌的重要因素，这种初期的认知随着体验的逐步深入，将通过持续累积而形成正面情感和情绪，即提升到情感介入力矩。当消费者的内在情感与品牌建立了联系时，消费者的某些偏好、价值取向及生活态度等价值层面的因素便会寻求与品牌在某方面的一致性，以形成更为良好的互动，这种统一和互动便晋升为价值主张介入力矩的层次。

特尔布兰奇（Terblanche）和博肖夫（Boshoff）以零售业为背景，通过实证研究将品牌体验的内部结构划分为五大因素，即员工与顾客的交互作用、产品价值、商店内部环境、产品分类及多样性和顾客抱怨处理，更有力地证明了顾客满意在品牌体验与品牌忠诚之间的调节作用[47]。

布拉库斯和施密特等学者以施密特在1999年对顾客体验的概念界定与维度划分为基础，结合顾客体验的五维战略模块（感官体验、情感体验、思考体验、行动体验和关联体验），对品牌体验进行了进一步的研究和维度划分，提出了感官体验、情感体验、行为体验和智力体验四个维度，通过六个实验，开发了具有十二个测量题项的品牌体验测量量表，并验证了测量量表的信度和效度，为品牌体验测量量表的后续开发和丰富提供了重要参考依据[22]。

我国学者张红明（2003）依据人的心理结构，将心理体验系统划分为感官体验、情感体验、成就体验、精神体验和心灵体验。这五种体验不是并列的，而是塔式层级关系，其中心灵体验是最高层次的境界，这种对心灵归宿的向往和追求是最难达到的[44]。

综上所述，学者对品牌体验维度划分的主要观点和研究结果如表1-3所示。

表 1-3　　　　　　　　　品牌体验的维度划分汇总

学者	年份	维度内容
克里斯南[46]	1996	①直接体验：使用、试用等
		②间接体验：广告、口碑等
本内特[2]	2004	①外部获取信息的过程，包括品牌识别、选择、购买、使用等
		②顾客的内部感受价值，顾客对品牌的个性化感受，有高低之分

续表

学者	年份	维度内容
马斯卡连哈斯[35]	2006	①物理属性介入力矩
		②情感介入力矩
		③价值主张介入力矩
特尔布兰奇和博肖夫[47]	2006	①员工与顾客的交互作用
		②产品价值
		③商店内部环境
		④产品分类及多样性
		⑤顾客抱怨处理
布拉库斯和施密特[22]	2009	①感官体验
		②情感体验
		③行为体验
		④智力体验

（3）品牌体验与顾客体验及其他相关概念的关系

① 品牌体验与顾客体验。

品牌体验是由顾客体验发展而来的，后者是前者的基础，而两者又具有显著的区别。以前对于体验的相关研究中，大多数都是以顾客体验为研究主体，针对产品或服务的效用、功能及不同类别与顾客发生互动而产生的体验。正如布拉库斯在研究中指出的一样，随着消费进程的深入，顾客在前期了解产品或服务，搜集产品或服务信息的阶段可称为"产品体验"；购买产品或享受服务的阶段可称为"服务体验"；使用和消费产品或服务的阶段可称为"消费体验"。顾客体验的重点是顾客与产品或服务发生的接触和互动。而品牌体验则不同，它贯穿于消费过程的各个阶段，是基于顾客体验且更抽象、层次更高的体验感受。品牌体验的重点是，与顾客发生接触和互动的不是产品或服务本身的功用或属性，而是品牌以及品牌相关的刺激物，这些刺激物包括品牌自身的标识、知名度、包装、产品及店面等品牌载体。换句话说，品牌体验是由品牌本身以及品牌相关刺激物所提供的。不同的品牌所提供的体验强度也是有差别的，一些品牌体验是自然发生的，而更多的品牌体验是通过设计而形成的，品牌体验强度高的品牌多数都是经过设计而逐步渗透给消费者的，这种品牌体验会使消费者留下深刻印象，在相对较长的时间内保持对消费者的吸引，最终形成消费者对该品牌的忠诚。

②品牌体验与品牌态度。

品牌态度是基于对品牌的信念或情感自然反应的一般评价[48]。相比之下，品牌体验不是一种对品牌可评估的判断，它包含特定的感官、情感、认知和行为反应，这些反应都是由特定的品牌相关刺激而引起的。例如，体验可以包括特定的一些感觉，而不是全部的喜好或者偏好。有时候，体验可以导致一般的评价和态度，尤其是对体验本身的评价，比如，我喜欢这次体验。但是，对体验的整体态度只占据全部品牌体验的一小部分。

③品牌体验与品牌联想。

品牌体验与品牌联想和品牌形象不同[49]。品牌个性被广泛公认为品牌联想的内部结构之一[50]。消费者经常试图将人的性格特点赋予品牌，从而形成品牌个性，品牌个性基于一种推理过程[51]，可划分为五个维度，即真挚、兴奋、能力、修养和粗鲁[50]。换句话说，消费者不是因为品牌而真挚或兴奋，他们只是将这些特点映射到品牌上。与此相反，品牌体验是实实在在的感官、情感、认知和行为反应。因此，品牌体验与品牌联想不同，也与品牌个性有所差异。

1.2.3 自我概念研究综述

（1）自我概念的定义

自我概念出自美国心理学权威学者威廉·詹姆斯（William James）的著作《心理学原理》，起初只是作为一个心理学用词，主要代表人的自我意识[52]。随后，自我概念被应用于消费者行为学等领域，其定义与内涵也有不同程度的拓展与延伸。

在消费者行为学中，自我概念主要指消费者对自身特征与属性的认识，以及对这些特征与属性的评价[53]。自我概念是个人对其社会属性、价值观、教育程度、性格特点等的总体认识和印象。自我概念形成的过程，同时也是消费者识别自身特征、反复认识自我的过程，该过程处于社会关系互动的客观条件下。自我概念可以引发、影响及指导消费者的行为，而消费者的行为又可以反过来作用于消费者自身，加深、强化及提升消费者对自身的这种认识，促进自我概念的形成。

许多西方学者很早就意识到，在产品同质化现象越来越严重的市场竞争中，决定消费者最终购买决策的关键要素已经不仅是产品的功能与价值等物理属性，更重要的是消费者的自我概念与产品的匹配关联程度[54]。因此，学者对自我概念的研究逐渐成为消费者行为学领域的热点问题，一些学者针对自我概念开始了专门性的研究，并取得了一定的成果。列维（Levy）早在1959年就提出，消费者的行为主要是受到产品所表现出的形象的影响，而产品自身的功能与价值对消费者的制约较小，即消费者的行为主要取决于自我概念与产品形象的双重制约[55]。列维的这一观点使人们认识到了自我概念的重要作用，列维由此也被誉为自我概念研究的先驱。随后，很多学者也提出了揭示自我概念形成过程的模型，用以解释自我概念对消费行为的预测能力。

瑟吉（Sirgy）在1982年提出了自我形象与产品形象一致性理论，该理论的主要内容是：自我概念形成于个体对自身过去的认识和评价，它可以在大脑中随时被激发和提取，当产品所代表的形象激发了消费者的自我概念时，消费者会意识到自身形象与产品形象形成了某种一致性，这种一致性就是决定消费者行为的重要因素，因为每个人都更愿意选择能代表自身、展示自我的产品[56]。瑟吉在随后的研究中指出，品牌个性是品牌形象的重要组成部分，自我概念与品牌个性和品牌形象的一致性都对消费者行为有显著影响[57]。

（2）自我概念的维度

自我概念是由现实自我与理想自我组成的组织性模式，其最重要的特征就是生理成长性、心理演进性及社会关系性等，因此每个人的自我概念的形成与发展都是独立的，也是有相似规律可循的。

很多学者都对自我概念的内部维度结构进行了研究，同时提出了很多重要的理论观点，为后续的研究打下了基础，如表1-4所示。可以看出，国外学者对自我概念的维度研究较早，并针对不同的行业背景或研究对象，划分了不同的自我概念维度，这也从侧面说明自我概念的多维度性可以帮助我们更清晰地了解自我概念对消费者行为的影响机制。国内学者在该研究领域的起步较晚，而且大多是以西方学者的研究理论为基础进行完善和优化，提升维度划分的适用性和合理性。对自我概念较权威的研究是瑟吉在2000年提出的四维度结构，即理想自我、现实自我、社会自我和理想的社会自我。

表1-4　　　　　　　　　　　　自我概念的维度构成

学者	年份	维度构成
威廉·詹姆斯	1890	物质自我、精神自我、社会自我[52]
瑟吉	1982	理想自我、现实自我、社会自我[56]
沙维尔（Shavel）	1991	学术自我、社会自我、情感自我、身体自我[58]
瑟吉	2000	理想自我、现实自我、社会自我、理想的社会自我[59]
乔纳森·布朗（Jonathan Brown）	2004	个人自我、集体自我、社会自我、关系自我[60]
黄希庭	1998	学业自我、传统自我、魅力自我、社交自我[61]
符国群	2001	理想自我、实际自我、社会自我、理想的社会自我、期待自我[62]
杨晓燕	2002	家庭自我、情感自我、发展自我、表现自我、心灵自我[63]
曾智	2004	情感自我、表现自我、发展自我、心理自我[64]
梁海红	2006	物质自我、精神自我、私人自我、理想自我、现实自我、社会自我[65]
曾德明	2008	权力自我、情感自我、家庭自我、事业自我、实际自我[66]

1.2.4 理性行为理论概述

（1）理论来源

对消费者行为的预测研究总是市场营销领域的学者热衷的课题，经过多年的反复论证和实证研究，很多学者都提出了在一定条件下能够预测消费者行为的理论与模型。而近几十年，在该领域最具有权威性和影响力的理论之一就是理性行为理论（Theory of Reasoned Action，简称TRA）。该理论来源于命题控制理论，该理论的重点在于决定人的行为意愿的是行为态度和顺从规范，属于社会心理学的范畴。理性行为理论为学者的行为研究提供了坚实的理论基础，很清楚地揭示了自身动机与外来信息对个体行为的影响。无论是在早期的行为研究领域，还是在现代社会心理学领域，"态度"这一概念都是最具特色的重要概念，并获得了高度的关注和广泛的应用[67]。20世纪70年代，著名学者菲什宾（Fishbein）与艾吉森（Ajzen）就对有关"态度"的研究文献进行了汇总和评述，他们发现当时"态度"这一概念的测量有很多角度和方法，没有形成一致性的观点共识，他们对其预测和解释"行为"的能力和准确性提出了质疑[68]。因此他们提出了一系列的学术观点，使相关概念的界定日趋完善，可以说他们是理性行为理论的奠基人。

（2）理论内容

理性行为理论是通过社会心理学预测个体的行为，揭示个体进行行为决策的过程。该理论的主要内容是：个体的行为受到其行为意愿的影响，而行为意愿又取决于态度和主观规范[69]。态度是一种心理层面的评价和倾向；主观规范是个体主观上迫于某些社会群体或外界信息的影响而产生的行为准则；行为意愿是指行为发生的可能性概率。该理论强调态度、意愿和主观规范同等重要，没有主次之分。主观规范给个体带来的压力主要来自其所属社会群体或家庭等，达到一定程度时将决定行为的发生。这三个概念之间的关系可以由TRA模型表现出来，如图1-2所示。

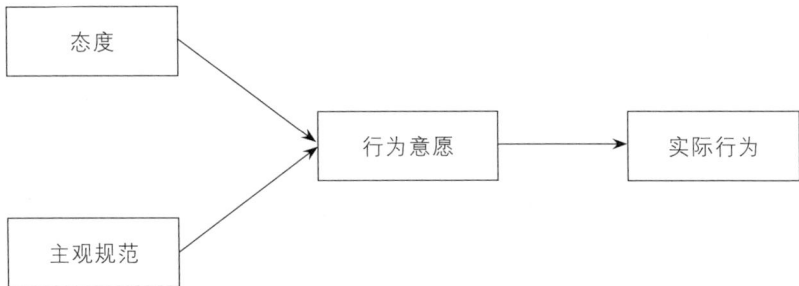

图1-2　理性行为理论模型

由图1-2可见，TRA模型揭示了行为主体从信息搜集和筛选，到形成主观偏好和受到外界影响，并最后产生决策行为的整个过程。理性行为理论假设人总是可以控制自己的意志，并总是更倾向于对自己有利的行为，而行为意愿是行为是否实现的最直接影响因素，其他的因素则是通过行为意愿间接影响行为。换句话说，行为意愿直接影响行为，态度和主观规范共同影响行为意愿。

（3）理论应用

很多学者以理性行为理论为基础，将理论与现实生活中的问题相联系，在很多行业和领域进行了应用和研究，并取得了显著的效果，如献血、减肥、求职及宗教等行为，涉及健康、就业、消费、政治及犯罪等现实问题[70]。尤其是在预测消费者行为方面，理性行为理论作为大量实证研究的理论基础。结果表明，TRA理论模型具有良好的适用性和准确性，可以较好地预测多种消费行为，如医疗、社会活动、购物、运动、环保等，如表1-5所示。当然，对于不同的消费行为、研究对象和行业背景，态度与主观规范对行为意愿所表现出的预测能力也各不相同。

表1-5　　　　　　　　　　理性行为理论的应用

应用范围	具体行为
医疗健康	献血、减肥、吸烟、饮食、预防艾滋病等
社会活动	投票、求职、违章等
购物消费	买车、投资、消费满意度、品牌忠诚等
运动休闲	徒步、规律运动、竞技比赛、赛事欣赏等
环境保护	资源回收、垃圾分类、城市废物清理等

（4）理论局限性

理性行为理论的适用性存在一定的局限，因为该理论有一个前提成立假设，即人可以合理地控制自我意识和行为，这条假设限制了理性行为理论的应用范围。实际上，人的行为意愿经常受到各种因素的影响，包括内在的和外在的，而这些因素会影响个人自我意识的控制程度。人有时会因为一时的情绪或者迫于某些影响而失去自我意识的控制，如因为赶时间而闯红灯及一些生理强迫行为。理性行为理论仅针对自主行为，而对需要技术、能力及合作等资源需求性行为的解释能力不强[71]。所以，对于超出假设范围的个人行为，理性行为理论不能进行很好的预测。

1.2.5 计划行为理论概述

（1）理论概述

在社会科学与决策科学中，了解人的行为的最基本决定因素是许多理论家和实践者非常重要的目的。其中可以帮助学者预测人的行为的最权威的理论之一就是计划行为理论（Theory of Planned Behavior，简称TPB）[72-73]。计划行为理论源自理性行为理论，由于理性行为理论的应用具有一定的局限性，不适用于非自我意识控制下的行为预测，因此，艾吉森等学者基于理性行为理论，在原有的理论模型中引入"感知行为控制"这一变量，拓展了理论的适用范围，提出了计划行为理论，用以预测不受自我意识控制的、更复杂的行为。依据TPB模型，态度、主观规范和感知行为控制可以预测行为意愿，行为意愿进而解释个体的行为[74-75]。

计划行为理论假设人的行为是由发生行为的意愿决定的，换句话说，行为意愿直接影响个人某一行为是否发生，而且其他影响行为的潜在因素都是通过行为意愿间接影响行为。学者对行为意愿的定义是个人将要主动发生某种行为的主观概率，它揭示出个人发生某种行为的执行意愿。在客观条件限定下，通过行为意愿来预测行为是最佳途径，因为行为意愿与行为之间高度关联[74]。

计划行为理论模型如图1-3所示，行为意愿分别受到态度、主观规范和感知行为控制三个变量的影响。态度是个人自身的心理倾向，属于内部因素；主观规范来自外部信息的干扰和压力，属于外部因素；感知行为控制是个人实现某种行为的难易程度。

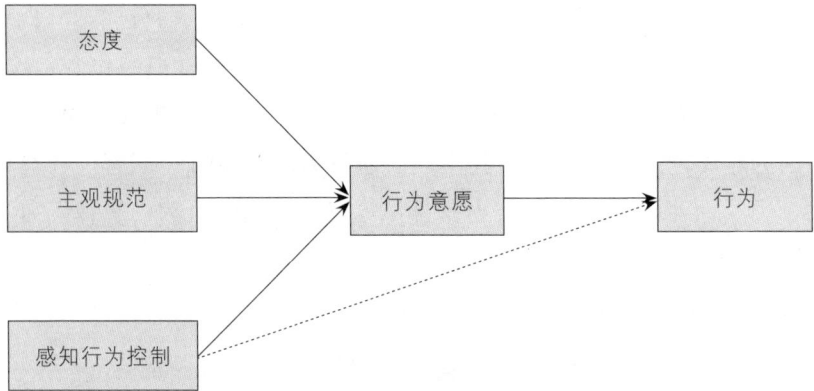

图1-3　计划行为理论模型

（2）理论应用

多数应用TPB的实证研究都是试图解释或预测新引入的行为[76-77]。TPB被证明可以为概念化研究、测量以及决定行为意愿和实际接触的经验性行为提供良好的理论框架。TPB的理论框架也被用来解释与环境相关的行为领域，例如，科尔达诺（Cordano）和弗里兹（Frieze）在2000年检验了美国管理者的减少污染偏好的行为[69]，还有雷科拉（Rekola）在2001年研究的组织对森林资源重生的支付意愿[78]。这些研究结果证明TPB中的态度及其他社会心理变量确实对管理者的行为意愿有影响。

TPB一直以来都是学者预测行为的主要理论基础，并已广泛应用于各行业领域，尤其是在对行为意愿的影响及行为的预测方面，取得了很多研究成果，如表1-6所示。可以看出，计划行为理论已经广泛应用于很多行业领域，并且理论模型中的态度、主观规范和感知行为控制对行为意愿的预测能力也得到了证实。从多项研究结论不难看出，态度、主观规范及感知行为控制对行为意愿的影响是正向显著的，但由于行业背景或实验条件的差异，各变量对行为意愿的相对解释能力是有差异的，从现有的研究结果看，主观规范对行为意愿的影响相对较小，是计划行为理论模型中的薄弱环节[74]。

表1-6   **计划行为理论的应用汇总**

学者	课题	研究结论
艾吉森和德赖弗（Driver）（1992）[79]	大学生户外活动研究	态度、主观规范及感知行为控制都对行为意愿有影响，其中，感知行为控制影响最显著，主观规范的影响最小；行为意愿和感知行为控制都可以预测行为，其中，行为意愿的预测能力更强
绍伊（Shaoyi）等（1999）[80]	虚拟银行使用意愿研究	态度和感知行为控制对使用意愿的影响较显著
黄智强（2000）	网络购物意愿研究	消费者的态度和主观规范对购买意愿有正向显著影响
刑逸玲（2002）	学生对三种休闲活动的选择研究	无论是哪一种休闲活动，态度、主观规范和感知行为控制都对选择意愿有显著影响，相对来说，主观规范的影响最薄弱
余宗龙（2004）	大学生长期锻炼的意愿研究	态度、主观规范和感知行为控制对行为意愿具有正向显著影响
冯萍（2005）[81]	网络银行使用意愿研究	态度和感知行为控制是影响使用意愿的主要因素，其中，态度的影响较显著，而主观规范对使用意愿的影响不显著
吴淑莺和陈瑞和（2006）	网络书店购买行为研究	态度、主观规范和感知行为控制都对购买意愿具有显著正向影响
谢孟达（2009）	3G系统的购买意愿研究	感知行为控制和态度会显著影响使用意愿
陈世贤（2009）	低碳旅行行为意愿研究	态度、主观规范和感知行为控制都正向显著影响行为意愿，其中，态度最显著，主观规范的影响相对较弱

（3）理论拓展

通过对计划行为理论的相关文献进行回顾与整理，我们发现近年来，越来越多的学者开始尝试将计划行为理论进行拓展，将新的变量或理论模型引入计划行为理论的原始模型，以此来提升整体模型的预测能力。本研究通过具体的研究案例予以说明。

① 计划行为理论与其他变量的结合。

巴戈兹（Bagozzi）和纳塔拉扬（Nataraajan）[82]曾经在1999年的研究中指出计划行为理论的不足，其中重要的一点就是，个人发生行为的时间、频率及过去行为都对行为意愿和行为具有重要影响。学者刑逸玲（2002）在研究大学生休闲活动的选择意愿时，便将"过去行为"这一变量引入了计划行为理论模型，如图1-4所示。

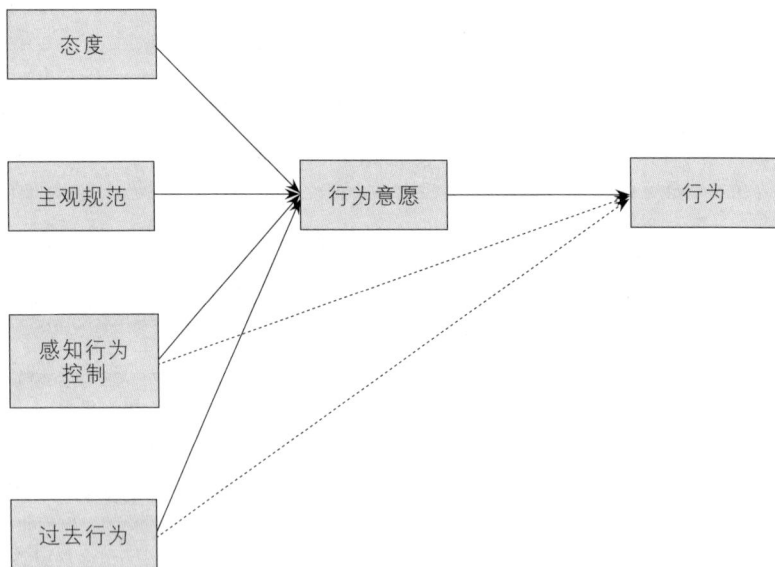

图1-4 大学生休闲活动选择研究模型

研究结果显示，大学生在跑步、去KTV和上网这三项休闲活动的选择中，个人态度最倾向于去KTV，而主观规范和感知行为控制最易于导致选择跑步。不同的休闲频率及性别也对意愿及行为具有一定的影响，而数据显示，"过去行为"这一变量的引入很好地提升了原模型的解释能力。

② 计划行为理论与其他理论的结合。

学者陈建亮（2005）将科技接受模型与计划行为理论模型相结合，用以研究大众消费者对于网上科技资讯服务的接受行为，如图1-5所示。

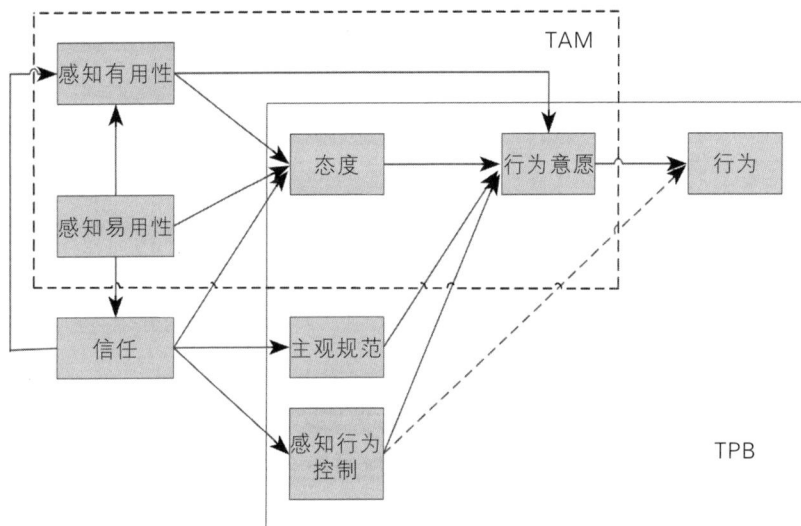

图1-5　TAM与TPB模型的结合与拓展

研究结果显示，由于科技接受模型与计划行为理论模型与该课题的研究背景和研究对象相匹配，因此整体模型的拟合度与解释能力有所提升，这种结合模式有助于深入了解和剖析大众对于科技资讯服务的行为意愿[83]。

学者李华敏（2009）[84]在研究乡村旅游行为时将顾客价值理论与计划行为理论相结合，如图1-6所示。

研究结果显示，多个变量对行为意愿的影响正向显著，与传统计划行为理论模型稍有不同的是，在该模型中，态度和感知行为控制对行为意愿有直接正向影响，而主观规范通过态度间接影响行为意愿。加上过去行为等变量的引入，整个模型对乡村旅游行为的解释能力明显提高，对行为意愿的形成机制有了更深入和更全面的了解。

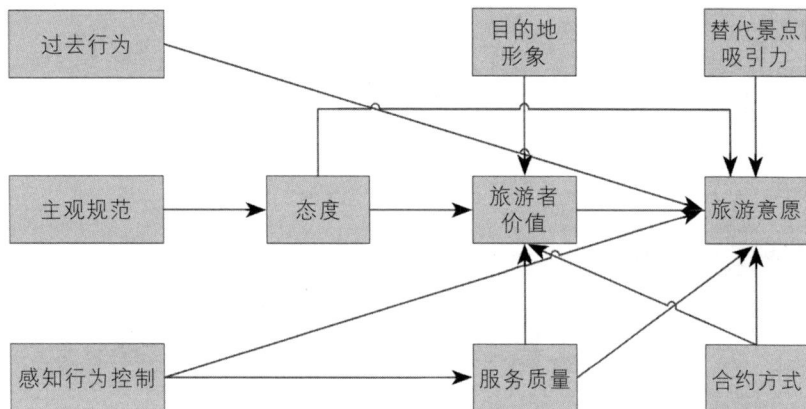

图1-6　顾客价值理论与计划行为理论的结合与拓展

1.2.6　现有研究的不足

基于国内外学者的研究成果，本研究针对品牌体验的相关研究，以及品牌体验对消费者行为的预测研究，总结并提出以下几点不足：

（1）品牌体验的概念尚未形成统一认知，缺乏针对具体行业的概念界定与实证研究

2009年，品牌体验第一次作为一个独立的学术词汇出现后，很多学者都对其进行了概念的界定，上述文献综述也对这些概念进行了概括和总结，但是没有形成统一的认知，缺少具有较强权威性和公信力的研究成果。随着体验经济的深入和体验营销模式的更新，品牌体验的概念也在不断地演变与发展，特别是针对不同的行业，由于提供的产品或服务的不同，其品牌传递和体验的载体也不同，有的是实物产品，有的是抽象服务，有的是实物产品与抽象服务的结合。因此，学者应该针对具体行业的特点与属性，完善品牌体验的概念，界定品牌体验的范围，明确品牌体验的重要作用，为品牌体验的后续研究打下基础。

（2）品牌体验的测量缺乏量表工具和定量研究

学者布拉库斯和施密特在2009年第一次设计出了品牌体验的测量

量表，并将其划分为四个维度。在这一重要的研究成果最后，两位学者明确地指出，品牌体验的测量量表的开发是该领域未来研究的重要工作之一。但是，国内外学者针对品牌体验的测量量表的研究相对较少，更加缺乏相应的定量的实证研究，使得品牌体验这一概念难以在具体研究中得到量化，不利于品牌体验研究的拓展和延伸。很多学者在量化品牌体验时，不得不将顾客体验的测量量表套用在品牌体验的概念上，甚至有些学者将顾客体验与品牌体验直接等同（两者的联系和区别见1.2.2节），这样做难以保证研究的科学性和严谨性。因此，本研究将设计品牌体验的测量量表，并通过实证的方法检验量表的可靠性和有效性。

（3）**品牌体验作为多维度概念，其对消费者行为的预测缺少影响路径的分析与探讨**

体验时代的到来促使营销模式创新，体验营销已经成为很多行业重要的营销方式。品牌体验对消费者的影响和消费行为的引导已经在市场中反复得到认可。很多人说，"品牌体验对消费者的行为一定有影响，不需要研究"，正是这样的想法让我们忽略了这一市场现象的本质，我认为这样的认识是不准确的，因为我们没有完成从现象到本质的探索。品牌体验对消费者的影响确实存在，只要通过市场观察就可以得出结论，但是这种影响是如何产生的？影响路径有哪些？哪一条是关键影响路径？品牌体验中的哪些维度对消费者行为起主要作用，哪些起次要作用？所有这些问题都需要从理论上去解释，并通过大量数据去量化证明。因此，本研究将基于计划行为理论，探讨和实证检验品牌体验对消费者行为的影响。

1.3 研究思路、方法、内容及结构

1.3.1 研究思路

本研究的研究思路如图1-7所示。

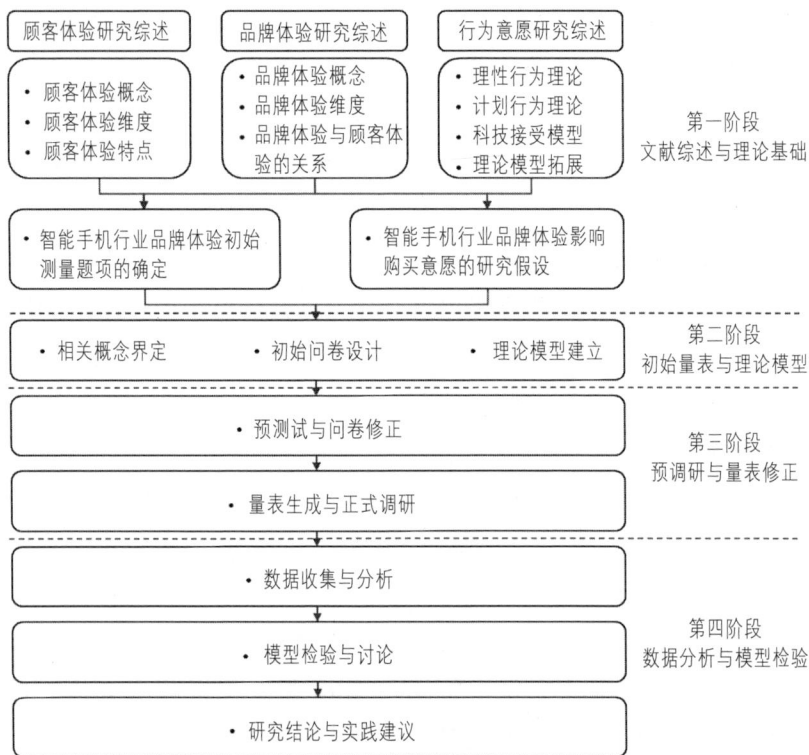

图 1-7　本研究的研究思路

1.3.2　研究方法

本研究将使用定性研究与定量研究相结合的方法。

（1）定性研究

定性研究，主要包括文献调研和理论探索。本人借助高校的文献资源和读博期间在美国交流学习一年的机会，搜集了大量国内外研究文献，特别是在体验营销领域国内外学者的经典理论与研究方法。在学习和吸收前人研究的基础上，基于品牌体验、自我概念、计划行为理论，构建了本研究的理论模型，并提出了研究中各个概念的操作性定义与测量工具。

（2）定量研究

定量研究，主要包括问卷设计、预调研与大规模随机调研、信度与效度的分析与检验、模型检验等。本研究主要通过相关分析、回归分析、结构方程分析等方法，对数据的信度和效度以及研究假设进行分析和检验。使用的主要软件包括SPSS20、LISREL9.3和AMOS27。

1.3.3 研究内容

本研究的主要内容有以下几点：

第一，界定品牌体验的概念。品牌体验作为一个词，虽然早已被一些学者所提及，但是一直没有被准确定义。直到2009年，体验营销领域的权威学者布拉库斯和施密特等人将品牌体验作为营销领域的专用名词加以定义，即品牌体验是主观的、内在的、消费者对品牌的反应（包括感觉、情感和认知），以及由品牌相关刺激物（包括品牌设计与识别、包装、社交功能等）所引发的行为反应[22]。该研究的最后，两位学者都对品牌体验的未来研究提出了展望，即维度划分及其相应测量量表的开发和对消费者行为的预测将是两个主要方向，而这两点将在研究内容的第二点和第三点有所体现。本研究综述了之前学者对品牌体验的概念界定，结合品牌体验具有的情感性、互动性、社交性、独立性等特点，重新界定了品牌体验的概念。

第二，品牌体验的维度划分与测量量表开发。克里斯南（1996）[46]、本内特（2004）[2]、马斯卡连哈斯（2006）等学者从内部与外部、直接与间接、阶梯式等角度对品牌体验的维度进行了划分[35]。而布拉库斯和施密特等学者不仅对品牌体验进行了维度划分，并且通过六个实验，开发了具有十二个测量题项的品牌体验测量量表。本研究在前人的基础上，结合智能手机行业的背景，提出了品牌体验的五个维度，即认知体验、产品体验、传播体验、情感体验和关联体验，并在此基础上，设计开发了相应的品牌体验五维度测量量表，并通过一系列的分析与检验，证明了量表的可靠性与有效性。

第三，构建并检验品牌体验对购买意愿的影响模型。在预测消费者行为的理论中，最为经典、应用也最广泛的莫过于理性行为理论和计划行为理论了。这些理论在消费者行为学中具有较大的影响力和权威性，特别是对行为意愿的预测，来源于理性行为理论的计划行为理论认为，人的行为受到行为意愿的影响，而影响行为意愿的主要因素是态度、主观规范和感知行为控制三个变量。本研究基于计划行为理论模型，探讨了品牌体验的五个维度对购买意愿的影响机制与影响路径，构建了理论模型，并对模型进行了分析，找出了影响路径，验证了研究假设。

第四，证明品牌涉入度的调节作用。品牌涉入度是消费者在了解和选择品牌的过程中所付出的努力和参与程度。它包含个人偏好、兴趣、心理需求等很多因素，主要受到各品牌的品牌形象、产品差异、营销模式和传播渠道等因素的影响。有学者指出，消费者对产品或品牌的涉入度差异对产品属性认知或品牌偏好选择都具有一定的影响，而不同涉入度的消费群体在品牌信息处理、购买行为以及品牌忠诚度等方面具有显著差异。有些学者通过研究证实，不同涉入度对产品或品牌与消费者之间的互动具有显著的调节作用[85]。因此，本研究将品牌涉入度作为调节变量，针对高、低涉入者两个群体，探讨品牌体验对购买意愿的影响差异机制，构建了调节模型，证明了品牌涉入度的调节作用及其显著性。

1.3.4 内容结构

本书共分为五章：

第1章主要介绍选题背景、研究意义和提出问题。将国内外学者对本研究的核心概念的相关研究进行文献调研和综述，总结出目前研究的不足之处，说明本研究的思路、内容、方法以及全文的结构布局。

第2章提出了本研究选择智能手机行业的原因和必要性，并基于顾客体验与品牌体验的文献综述，结合对该行业从业人员的深度访谈，提出了智能手机行业品牌体验的概念与维度划分，将前人相关研究的经典量表题项与访谈结果相结合，形成品牌体验的初始量表，通过预调研和题项净化，形成正式量表。经过大规模随机调研，对数据进行收集和整理，检验品牌体验五维度量表的信度与效度，证明维度划分的合理性与开发的量表的适用性。

第3章基于理性行为理论和计划行为理论，结合自我概念的相关研究，提出了品牌体验通过自我概念一致性、品牌态度、主观规范和感知行为控制等中间变量而影响消费者购买意愿的机制与路径，建立理论模型。通过大规模随机调研收集的数据进行实证分析与假设检验。

第4章根据第3章的研究结果，对品牌涉入度进行了测量和分类，将调研对象分为品牌高涉入者与品牌低涉入者。提出在不同涉入度群体中，品牌体验对购买意愿的影响差异假设，在两个子样本组中分别运行第3章中的理论模型，比较路径系数差异，最后检验路径系数差异是否具有统计显著性，进而检验调节假设。

第5章主要是本研究的主要结论与创新点，并延伸出研究结论在具体实践中的作用和启示，最后提出本研究的局限与未来展望。

2 智能手机行业品牌体验的内涵及测量量表开发

　　本章将以品牌体验为核心概念进行一系列实证研究。清晰的概念是实证研究的前提，而概念的测量也是实证研究的必要条件。没有清晰的概念界定，就没有准确的测量，更不会有正确的假设及模型检验。品牌体验在多年的研究中尚未形成统一的概念界定，很少有学者针对高科技行业的特点对品牌体验的概念给出明确的定义，而将品牌体验结合智能手机行业的背景进行维度构成的探讨的研究更是少之又少。本章将在第1章文献综述的基础上，针对智能手机行业这一具有代表性的高科技行业，界定品牌体验的概念与维度构成，通过市场调查与深度访谈等方式，设计并实证检验智能手机行业品牌体验的测量量表。

2.1 智能手机市场中品牌体验的概念与维度构成

2.1.1 智能手机行业概述

（1）智能手机的概念

智能手机的英文表述为"Smart Phone"，其内部装有独立的操作系统，随时可以对第三方服务提供商的软件、游戏和其他程序进行添加与删除，具有动态扩展的功能，同时可以借助移动通信网络实现无线接入。

智能手机具有五大特点：① 无线网络接入，可支持不同标准的网络要求，如4G、5G等；② 具有PC功能，实现多媒体、信息管理、网络游戏、电子商务等功能；③ 独立的操作系统，内部配有独立CPU、闪存及内存，可随时安装或卸载应用程序；④ 人性化，从操作到应用，无处不体现以人为本、满足客户需求的细节；⑤ 功能强大，为第三方服务提供平台，所有服务提供商都可以在该平台提供服务体验。

目前智能手机的缺点主要在于价格还相对较高，另外，对于不太熟悉操作的中老年人群来说，易用性的特点不够突出。

（2）智能手机行业的发展现状

摩托罗拉公司在1999年推出了第一款智能手机，随后，智能手机的发展犹如洪水溃堤般以不可思议的速度占领了全球市场，得到众多消费者的青睐和认可。2022年，中国的智能手机用户已超过9.5亿，在全球遥遥领先。中国智能手机市场出货量在2022年和2023年分别达到了2.87亿台和2.73亿台。同时，智能手机行业呈现出头部品牌集中度越来越高的趋势，2023年，华为、vivo、OPPO、荣耀、小米、苹果6大品牌占据了中国智能手机市场90%以上的份额，未来智能手机行业的竞争将是少数品牌的竞争，且潜力巨大。

（3）智能手机行业的发展趋势

从上述数据可以看出，智能手机时代的来临已不可阻挡，并将继续成为未来人们日常生活中不可或缺的一部分。智能手机行业将会改变消费者的生活方式和行为习惯，也必将带动移动通信产业链的高速发展。智能手机行业未来可能会呈现出以下发展趋势。

① 智能手机PC化。

随着智能手机的硬件配备和技术的不断发展，智能手机的功能和信息处理能力不断增强，结合日益丰富和强大的终端应用的开发，智能手机在硬件和软件等方面正在追赶甚至超越PC。随着网络信息系统的升级和多种信息技术的综合应用，目前的智能手机已经可以实现文字、图片、视频、游戏等多种信息和任务的同时处理，满足当今市场多样化的客户需求，未来在移动通信的产业链中将发挥越来越重要的作用。苹果、三星等公司陆续研发双核、四核甚至八核的处理器，另外还有裸视3D、超大屏幕、NFC、LTE等技术也正日益成熟，智能手机正在为人们的生活和工作提供更多的便利和帮助。

② 智能手机操作系统将更加开放。

智能手机的操作系统将越来越开放，而这种开放也将促进智能手机的发展。操作系统的开放将使芯片提供商更有针对性地发挥软件和硬件的最大效用，有利于软件提供商提供多样、丰富的软件应用程序，还将缩减手机生产商的成本，使芯片提供商、终端生产商和软件提供商等多方受益。

③ 智能手机价格走低。

过去，智能手机的价格相对于传统手机来说偏高，阻碍了其用户群体的扩大。随着技术的成熟、产业分工的明确及标准化，智能手机的成本正在逐渐降低，更多的用户体验到了智能手机的便捷与高效，从而使智能手机的市场份额继续扩大，普及范围也越来越广。

2.1.2 智能手机行业品牌体验的定义

本研究之所以选择智能手机行业作为研究对象，不仅是因为智能手机行业近年来的飞速发展和社会关注度日益提高，更重要的是因为，智能手机行业呈现出的品牌份额集中度很高的特点和趋势与很多行业都较为相似，值得进一步探索和研究。目前智能手机市场的品牌份额极不均衡，少数几个品牌占据着超过一半的市场份额，而各品牌的产品却呈现出明显的同质化趋势，甚至两个不同品牌、不同型号的智能手机，从外形、功能、软硬件配置等方面几乎完全分辨不出来。这就引发了很多学者的思考，为什么产品同质化的市场会形成品牌份额极不均衡的局面呢？答案显然是，消费者购买智能手机的决定性因素已经由产品的设计、质量、配置甚至价格等转变为品牌，一定是品牌与消费者的互动使消费者产生了对品牌的忠诚，从而购买甚至重复购买某品牌的产品，这使得一些品牌在市场份额上占据显著优势。由之前学者对品牌体验概念的研究可知，品牌与消费者的这种互动就是品牌体验。

基于各学者对品牌体验概念的界定，以智能手机行业为背景，结合智能手机行业的特点，综合本内特、布拉库斯、施密特等该领域权威学者的思想与观点，本研究对智能手机行业品牌体验的概念界定如下：消费者在对智能手机品牌的信息搜集、产品选购、购后服务等整个体验过程中，对品牌所形成的主观的、内在的、个性化的反应，以及品牌传递给消费者的品牌相关刺激物所引发的行为反应。

2.1.3 智能手机行业品牌体验的维度构成

本研究已经对以往品牌体验的维度划分方法进行了回顾和总结，虽然国内外学者对品牌体验的维度研究相对较少，但通过归纳法还是可以看出，目前对品牌体验维度划分的观点主要是从"内部与外部""直接与间接""阶梯式层级""功能战略模块"等角度出发，并通过一些实证研究使维度划分的合理性得到了初步检验。

本研究将综合运用上述主要观点，寻找并提取各观点的相似和统一的部分，通过与专家、一线销售人员及普通消费者的深度访谈，结合智能手机行业的特殊背景，从消费者的角度将智能手机行业品牌体验的维度进行三层划分：第一层，消费者的内部与外部体验，依据来自本内特（2004）[2]。第二层，消费者与品牌的直接与间接互动，依据来自克里斯南（1996）[46]、深度访谈；消费者内在情感的阶梯式层级和功能战略模块，依据来自马斯卡连哈斯（2006）[35]和施密特（2009）[22]。第三层，消费者与品牌的直接互动中的抽象载体与实物载体，依据来自马斯卡连哈斯（2006）[35]、深度访谈。如图2-1所示。

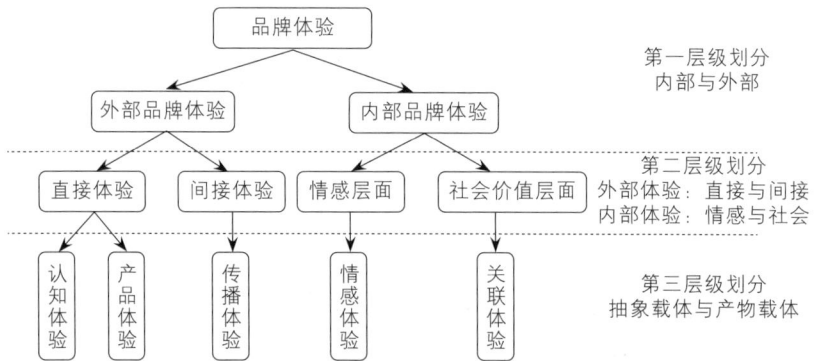

图 2-1 智能手机行业品牌体验的维度划分

综上所述，本研究将智能手机行业品牌体验划分为五个维度，即认知体验、产品体验、传播体验、情感体验和关联体验。各维度的名称和内容如表2-1所示。

表2-1 智能手机行业品牌体验维度划分及内容

维度	内容
认知体验	消费者对品牌知名度、标识、形象等抽象概念的基本认知
产品体验	消费者对品牌的产品设计、功能、质量等属性的认识和评价
传播体验	消费者通过第三方间接了解和接触品牌所形成的感受
情感体验	消费者在品牌消费过程中所形成的内在的、美好的、愉快的正向心理情绪倾向
关联体验	消费者在品牌消费过程中感到自己与和自己身份、价值观、兴趣偏好等相似的他人或群体发生的联系

2.2 智能手机行业品牌体验测量量表的开发与检验

从诸多学者对品牌体验的概念及维度的研究可知，品牌体验是一个研究尚未完善的概念，在不同的行业背景下，其内涵也略有差异，还没形成统一的认识，更缺乏可信有效的测量量表。本研究以智能手机行业为背景，以品牌体验的研究文献为基础，借鉴之前学者开发的经典测量量表，结合与营销专家和从业人员的深度访谈，通过归纳、总结和创新[86-87]，对智能手机行业品牌体验的测量量表进行开发。

2.2.1　量表开发的思路与方法

本研究将按照以下四个步骤来完成智能手机行业品牌体验的测量量表的开发：第一步，通过文献搜索和回顾、专家建议、从业人员和消费者的访谈，明晰智能手机行业品牌体验的概念及维度构成；第二步，借鉴以往不同研究背景下的经典量表，从文献回顾和专家访谈中提炼有效关键字，汇总形成初始测量题项；第三步，通过随机抽样的方式对少许样本进行预调研，并检验初始量表的可靠性和有效性，对初始题项进行过滤；第四步，运用过滤题项后的量表对大量样本进行正式调研，然后检验正式量表的可靠性和有效性，最后形成智能手机行业品牌体验的测量量表。

一般来说，我们可以通过三种方式科学地测量事物：第一种，通过直接观察得到，如颜色、材质；第二种，通过间接观察得到，如种族、年龄等无法直接观察得到的事物；第三种，通过结构性概念，如情操、地位等抽象定义，往往难以通过观察得到或测量。结构性概念属于我们创造出来的词汇，为了推动科学的继续发展，它需要进行科学的测量和定义，即开发测量工具（量表）。

开发测量量表的第一步就是确定所有相关概念的操作性定义，而操作性定义就是一系列能够解释研究对象（概念）的特定指标或题项[88]。所以，开发智能手机行业品牌体验的测量量表，必须给出品牌体验的操作性定义，并确定其维度构成。本研究已经给出了智能手机行业品牌体验的定义，并从消费者的角度将其划分为五个维度，即认知体验、产品体验、传播体验、情感体验和关联体验。接下来，就要针对各个维度设计出特定指标或测量题项，形成初始量表，再通过检验和净化，形成最终的正式测量量表。

2.2.2　题项的生成

本研究将品牌体验及相关领域的研究进行了归纳和总结，结合智能手机行业的背景与特点，借鉴了品牌体验、顾客体验、品牌知识等多个实证研究的经典测量量表和题项，提炼出与营销专家、从业人员和消费者深度访谈的关键字句，对出现频率较高的词句进行汇总和分析，尽可能全面且综合地设计出品牌体验的初始题项。

（1）学者对品牌体验及相关概念的测量题项汇总

学者对品牌体验及相关概念的实证研究是本研究初始题项的生成的重要参考依据，尤其是该领域内影响力较大、较为权威的学者的研究结论，如布拉库斯和施密特在 2009 年第一次开发的品牌体验测量量表[22]、凯勒（Keller）在 1993 年对品牌知识的界定和测量[49]，施密特在 1999 年开发的以功能战略模块为基础的体验测量量表[4]、国内学者朱世平[89]和范秀成[40]等对顾客体验的测量量表等。本研究通过学习、总结和借鉴，给出了一些品牌体验的初始测量题项，如表2-2所示。

表2-2　　　　　　　　　　学者对品牌体验的测量题项

维度	题项关键词汇	来源
认知体验	品牌知名度	凯勒（1993）
	品牌形象	凯勒（1993）
	品牌所属企业的实力	达辛和布朗（Dacin & Brown，1997）
产品体验	该品牌的产品可提供功能性利益	范秀成（2006）
传播体验	媒体广告	施密特（1999）
	口碑推荐	赫顿（Hutton，1995）
情感体验	品牌的情感性和情绪	布拉库斯和施密特（2009）
	对品牌有强烈的情感	布拉库斯和施密特（2009）
	品牌是有感情的	布拉库斯和施密特（2009）
关联体验	使用同样品牌的消费群体有相似的价值观	朱世平（2005）
	使用同样品牌的消费群体可以更好地交流	范秀成（2006）
	使用某品牌将提升我在群体中的形象和地位	范秀成（2006）

（2）深度访谈的内容提炼

目前国内外学者对品牌体验的概念结构尚未达成共识，对其测量量表的开发也正处于初级阶段，再加上不同行业背景的各种因素影响，本研究难以完全依靠之前学者的研究成果和文献调研来完成量表的开发，因此，本研究采用内容分析法等定性研究方法，通过对营销专家、智能手机行业从业人员以及消费者（共计50人）的访谈，提炼出使用频率高的关键词句，并进行归类和分析，对测量量表的初始题项进行补充和完善，如表2-3所示。

表2-3　　　　　　　　　　　**深度访谈的结果汇总**

关键词句	归类	出现频次
品牌标识	认知体验	18
外观设计	产品体验	27
技术含量	产品体验	16
操作便捷	产品体验	35
售后服务	产品体验	20
官方网站/官方微博	传播体验	25
实体店面的环境	传播体验	17
社会大型活动赞助	传播体验	17
促销优惠活动	传播体验	26
享受和投入	情感体验	22
引起共同话题	关联体验	32

表2-3所列出的是深度访谈内容分析后的高频次词句，频次较低的词句或与之前学者提出的题项重叠的词句都未列出。这些提炼出的词句将为本研究的品牌体验测量量表的探索提供重要的参考和依据。

（3）初始测量题项的汇总与内容效度检验

本研究通过学习和借鉴之前学者对品牌体验的研究成果，结合深度访谈，汇总形成了智能手机行业品牌体验测量量表的初始题项，如表2-4所示。其中，相关学者的研究成果和深度访谈的题项提炼各约占初始题项总量的50%。

表2-4　　　　　　　　智能手机行业品牌体验的初始测量题项

维度	题项关键词汇	来源
认知体验	品牌知名度	凯勒（1993）
	品牌形象	凯勒（1993）
	品牌所属企业的实力	达辛和布朗（1997）
	品牌标识	深度访谈
产品体验	产品可提供的功能性利益	范秀成（2006）
	产品外观设计	深度访谈
	产品技术含量	深度访谈
	产品操作便捷	深度访谈
	产品售后服务	深度访谈
传播体验	媒体广告	施密特（1999）
	口碑推荐	赫顿（1995）
	官方网站/官方微博	深度访谈
	实体店的环境和氛围	深度访谈
	社会大型活动赞助	深度访谈
	优惠促销活动	深度访谈
情感体验	品牌的情感性和情绪	布拉库斯和施密特（2009）
	对品牌有强烈的情感	布拉库斯和施密特（2009）
	品牌是有感情的	布拉库斯和施密特（2009）
	品牌带来的享受和投入	深度访谈
关联体验	使用同样品牌的消费群体有相似的价值观	朱世平（2005）
	使用同样品牌的消费群体可以更好地交流	范秀成（2006）
	使用某品牌将提升我在群体中的形象和地位	范秀成（2006）
	使用某品牌会引起共同的话题	深度访谈

为了确定预调研的初始题项，本研究将对表2-4中所列的题项进行内容效度的检验。将整理好的所有题项发送至深度访谈的对象，各访谈对象仔细阅读所有题项之后，挑选并剔除那些"意思表达过于笼统""较模糊，不知如何回答""意思重复出现"等题项。内容效度的检验结果是，所有题项均通过检验，并通过了六位专家对题项归类维度的划分确定，即题项和维度都通过了内容效度的检验，23个初始题项得到保留。

（4）预调研问卷的设计

本研究采用Likert五级测量量表的方式，将每个题项赋予五个得分选择，即"非常赞成"得5分，"比较赞成"得4分，"说不清"得3分，"比较不赞成"得2分，"非常不赞成"得1分。所有题项将结合行业背景和特点，在尊重关键词句的前提下，适当调整和润色相关用词，尽量使被调查者对题项本身充分理解和没有疑问。在调研前应告知被调查者所有题项的选择没有对错之分，完全依据被调查者的主观感受和经验进行作答。为了方便后续研究，本研究将各维度进行了编码，即认知体验（CE）、产品体验（PE）、传播体验（BE）、情感体验（AE）、关联体验（RE），本研究的预调研问卷在各题项语句设计完成后最终形成，如表2-5所示。

表2-5　　　　　智能手机行业品牌体验预调研量表设计

题项描述	非常不赞同	比较不赞同	说不清	比较赞同	非常赞同
CE-1该品牌具有很高的知名度	1	2	3	4	5
CE-2我认识该品牌的标识	1	2	3	4	5
CE-3我知道该品牌来自哪个国家	1	2	3	4	5
CE-4该品牌所属企业的实力很强	1	2	3	4	5
PE-1该品牌手机的外观设计很独特	1	2	3	4	5
PE-2该品牌手机的功能很多很强大	1	2	3	4	5
PE-3该品牌手机的技术在行业内处于领先地位	1	2	3	4	5

续表

题项描述	非常不赞同	比较不赞同	说不清	比较赞同	非常赞同
PE-4 该品牌手机的操作简单易用	1	2	3	4	5
PE-5 该品牌手机的售后服务很完善	1	2	3	4	5
BE-1 我经常看到该品牌的各种广告	1	2	3	4	5
BE-2 该品牌在市场中的口碑很好	1	2	3	4	5
BE-3 我经常关注该品牌的官方网站或官方微博	1	2	3	4	5
BE-4 我很喜欢该品牌的实体店的氛围和环境	1	2	3	4	5
BE-5 该品牌经常赞助一些社会大型活动	1	2	3	4	5
BE-6 该品牌经常有一些促销活动	1	2	3	4	5
AE-1 该品牌能够引起我的兴趣和美好的情绪	1	2	3	4	5
AE-2 使用该品牌的产品会让我感到享受和投入	1	2	3	4	5
AE-3 我觉得该品牌不仅仅是一个标识，而是有感情的	1	2	3	4	5
AE-4 我在情感上对该品牌没什么感觉	1	2	3	4	5
RE-1 自己与那些同样喜欢该品牌的人具有相似的生活态度和观念	1	2	3	4	5
RE-2 自己与那些同样喜欢该品牌的人会有更多的共同话题	1	2	3	4	5
RE-3 更倾向于与那些同样喜欢该品牌的人交往和接触	1	2	3	4	5
RE-4 该品牌可以帮助提升我在别人心目中的形象	1	2	3	4	5

2.2.3 预调研与题项过滤

预调研是利用随机抽样的方法进行小样本的调研，获取小样本的数据结果，通过定量的数据分析方法评价量表的信度和效度，依据评价结果，对初始问卷进行题项过滤和修缮。

　　本研究的预调研在大连市几个繁华路段的大型智能手机销售中心进行，在销售柜台随机对 150 个有意购买智能手机的消费者进行问卷调查。在发放的 150 份问卷中有效回收 117 份问卷，有效率达到 78%，达到了问卷调查的相关要求。下面将分别通过内部信度一致性和探索性因子分析对初始问卷的题项进行过滤和修缮。

　　（1）内部一致性信度分析

　　内部一致性信度分析主要利用 SPSS 等软件计算修正的项目总相关系数（Corrected Item-Total Correlation，CITC）即 CITC 值和克隆巴赫系数（Cronbach α），从而评价量表各维度的内部一致性信度，这也是在利用探索性因子分析删除多余题项之前的必要步骤[86]。预调研中各题项的 CITC 值和各维度的克隆巴赫系数如表 2-6 所示。

表2-6　　　　　　　　　　　　各维度的信度分析结果

维度	题项代码	CITC 值	删除题项后系数	克隆巴赫系数
CE	CE1	0.5863	0.5262	0.7947
	CE2	0.5105	0.7707	
	CE3	0.5493	0.5828	
	CE4	0.5755	0.5325	
PE	PE1	0.2315	0.9220	0.8875
	PE2	0.6342	0.6711	
	PE3	0.6568	0.6307	
	PE4	0.6192	0.7057	
	PE5	0.6376	0.6695	
BE	BE1	0.4117	0.9114	0.8813
	BE2	0.6839	0.8405	
	BE3	0.7715	0.7844	

维度	题项代码	CITC值	删除题项后系数	克隆巴赫系数
BE	BE4	0.7117	0.8295	0.8813
	BE5	0.8562	0.7716	
	BE6	0.6430	0.8520	
AE	AE1	0.5715	0.6744	0.7866
	AE2	0.6127	0.6495	
	AE3	0.6562	0.6175	
	AE4	0.6283	0.6382	
RE	RE1	0.6876	0.8021	0.8433
	RE2	0.5797	0.8413	
	RE3	0.7866	0.7507	
	RE4	0.6962	0.8002	

由表2-6可知，在智能手机行业品牌体验的五个维度的所有初始题项中，PE1和BE1两个题项的CITC值分别为0.2315和0.4117，未满足大于0.5的标准，且这两个题项剔除后，它们所属的维度的克隆巴赫系数都有所增长（即0.8875增长至0.9220，0.8813增长至0.9114），因此删除这两个题项。删除后，所有题项的CITC值都满足大于0.5的要求，五个维度的克隆巴赫系数都在0.7866至0.9220的范围内，都满足大于0.7的要求，因此，量表具有较高的可靠性，保留剩余的21个题项。

（2）探索性因子分析

经过信度检验，本研究将PE1和BE1两个初始题项删除，并对剩余21个题项进行探索性因子分析。分析结果显示，KMO值为0.866，通过了在$p < 0.000$条件下的巴特利特（Bartlett）球形检验，数据情况适合进行因子分析。再结合主成分分析法，选择方差最大化正交旋转，用特征值1截取数据，可得到因子个数及各题项在各因子上的负载情况，如表2-7所示。

表2-7 　　　　　　　　　　　探索性因子分析结果

维度	题项代码	因子				
		1	2	3	4	5
CE	CE1		0.653			
	CE2		0.571			
	CE3		0.699			
	CE4		0.804			
PE	PE2					0.592
	PE3					0.738
	PE4					0.807
	PE5					0.678
BE	BE2	0.568		0.537		
	BE3			0.677		
	BE4			0.544		
	BE5			0.756		
	BE6			0.729		
AE	AE1					
	AE2				0.828	
	AE3				0.838	
	AE4				0.512	
RE	RE1	0.806				
	RE2	0.683				
	RE3	0.881				
	RE4	0.840				

由表2-7可知，我们得到了5个特征值大于1的因子，方差累积解

释百分比达到了76.52%。后面还有只显示出因子负载大于0.5的数据情况，显然，大部分题项的因子负载情况都与本研究设计的品牌体验的五个维度相吻合。但是，AE1在各个因子上的负载都小于0.5，BE2同时在两个因子上出现大于0.5的负载，即交叉负载现象，将这两个题项删除后，所有剩余的19个题项的因子负载都归属于各自的因子，且因子负载都大于0.5的标准，没有再出现交叉负载等现象，证明了本研究对智能手机行业品牌体验的维度划分的合理性和有效性，题项过滤后，最后保留19个题项。

经过预调研和题项过滤之后，我们得到了最终测量智能手机行业品牌体验的19个题项，以此为主体，包括认知体验、产品体验、传播体验、情感体验、关联体验五个维度，并辅之以人口统计的相关变量，采用Likert五级量表的形式，最后形成本研究的正式问卷。

2.2.4 正式调研与量表检验

（1）数据收集与样本概况

本研究在对智能手机行业品牌体验的概念维度进行大规模调研时，重点选择了大连市西安路、青泥洼桥、和平广场及华南广场几条繁华商业街的大型智能手机销售中心作为实地调查的地点，将随机选择600位有意愿购买智能手机的消费者，通过问卷和访谈两种方式了解普通消费者对智能手机品牌体验的感知情况。本研究在上述各地点同时展开调查，共发放600份问卷，回收408份，回收率为68%，达到了20%的最低回收率标准。有效问卷374份，有效率为91.7%，问卷总数远高于学者努纳利（Nunnally）和伯斯坦（Berstein）提出的相关标准[90]，即样本数量要达到题项数量的5至8倍。本研究重点关注的人口统计变量包括性别、年龄、月收入等情况，如表2-8所示。

表2-8　　　　　　　　　　　　　样本概况

人口统计变量		比例（%）	人口统计变量		比例（%）
性别	男	46.5	是否购买过该品牌的产品	是	62.6
	女	53.5		否	37.4

续表

人口统计变量		比例（%）	人口统计变量		比例（%）
年龄	18 岁以下	0.8	月收入	无收入	62.6
	18～23 岁	57.5		1 000 元及以下	19.3
	24～29 岁	36.4		1 001～3 000 元	7.2
	30～35 岁	4.7		3 001～5 000 元	6.1
	36～40 岁	0.3		5 001～8 000 元	3.2
	40 岁以上	0.3		8 000 元以上	1.6

由表2-8可知，在随机选取的样本中，性别的比例接近均衡，女性略高；从年龄分布来看，30岁以下的年轻群体占据了90%以上的比例，说明年轻群体是智能手机行业的主要消费群体；从月收入分布来看，购买智能手机的群体大多是无收入和低收入者，再结合年龄分布的情况，我们可以得出结论，即智能手机的主要购买人群是学生；样本中有超过六成的人在决定购买某品牌手机之前已经购买过该品牌的产品，说明智能手机行业的消费者有着显著的重复多次购买的特征。

本研究还对测量品牌体验各维度的所有题项进行了统计，从均值和标准差两个方面来描述数据的情况，如表2-9所示。

表2-9　　　　　　　　　　　　　　数据概况

题项	均值	标准差	题项	均值	标准差
CE1	4.58	0.64	BE1	2.89	1.31
CE2	4.60	0.78	BE2	3.47	1.11
CE3	4.46	0.87	BE3	3.07	0.98
CE4	4.37	0.81	BE4	2.95	1.17
PE1	4.34	0.77	RE1	3.20	1.10
PE2	4.31	0.79	RE2	3.39	1.11
PE3	4.12	0.87	RE3	2.92	1.24
PE4	3.78	0.96	RE4	3.20	1.26

续表

题项	均值	标准差	题项	均值	标准差
AE1	4.18	0.81			
AE2	4.08	0.86			
AE3	3.70	1.10			

由表 2-9 可知，各题项的均值都在 2.89 至 4.60 之间，标准差都在 0.64 至 1.31 之间。从各个维度来看，调查对象普遍对认知体验、产品体验、情感体验三个维度的感知评价较高，而对传播体验和关联体验的感知评价相对较低。

（2）内部一致性信度分析

本研究通过克隆巴赫系数和组成信度来分析测量量表的内部一致性信度，通过计算，两种标准的检验结果如表 2-10 所示。

表2-10　　　　　　　　　　内部一致性信度分析

维度	题项代码	CITC 值	删除题项后系数	克隆巴赫系数	组成信度
CE	CE1	0.6307	0.8109	0.8631	0.8774
	CE2	0.6392	0.7991		
	CE3	0.6618	0.7861		
	CE4	0.6593	0.7855		
PE	PE1	0.6586	0.7435	0.8374	0.8301
	PE2	0.6840	0.7251		
	PE3	0.5928	0.7861		
	PE4	0.5544	0.8225		
BE	BE1	0.7401	0.8374	0.9178	0.9657
	BE2	0.6647	0.8793		
	BE3	0.8228	0.7997		
	BE4	0.6256	0.9033		

续表

维度	题项代码	CITC值	删除题项后系数	克隆巴赫系数	组成信度
AE	AE1	0.8320	0.8300	0.9527	0.8799
	AE2	0.8836	0.7619		
	AE3	0.6771	0.9334		
RE	RE1	0.7336	0.8656	0.8887	0.9287
	RE2	0.7403	0.8631		
	RE3	0.8028	0.8385		
	RE4	0.7548	0.8584		

由表 2-10 可知，品牌体验五个维度的克隆巴赫系数在 0.8374 至 0.9527 之间，都满足 0.7 的最低接受标准[91]，且删除任何题项都会使克隆巴赫系数降低。相关文献要求对项目–总体相关系数进行检验[92]，CITC 值都在 0.5544 至 0.8836 之间，满足 0.5 的最低接受标准[93]，因此所有题项得到保留。

五个维度的克隆巴赫系数差距不大，且数值都较大，说明本研究自主开发比重较大的两个维度（产品体验、传播体验）与源自文献经典题项的三个维度（认知体验、情感体验、关联体验）的题项设计都很合理，题项设计之前的相关访谈效果也较理想。

五个维度的组成信度都在 0.8301 至 0.9657 之间，满足 0.7 的最低接受标准[94-95]。通过对克隆巴赫系数和组成信度的检验，证明本研究开发的品牌体验五个维度的测量量表满足相关检验要求，具有较好的内部一致性信度。

（3）探索性因子分析

探索性因子分析是对测量量表所进行的效度检验的第一步。所谓的效度检验，也就是检测设计的量表可以真正测量出所要测量的概念的程度。而结构性概念效度大多是通过探索性因子分析来检验[96]，该方法已被很多行业和研究领域所应用和认可。探索性因子分析的主要原理是利用主成分分析法，用1为特征值去截取数据，通过方差最大化正交旋转得到检验结果，如表2-11所示。

表2-11　　　　　　　　　　　探索性因子分析

维度	题项代码	因子				
		1	2	3	4	5
CE	CE1				0.604	
	CE2				0.783	
	CE3				0.689	
	CE4				0.545	
PE	PE1		0.633			
	PE2		0.708			
	PE3		0.516			
	PE4		0.628			
BE	BE1			0.597		
	BE2			0.567		
	BE3			0.803		
	BE4			0.718		
AE	AE1					0.816
	AE2					0.837
	AE3					0.543
RE	RE1	0.822				
	RE2	0.817				
	RE3	0.844				
	RE4	0.851				

探索性因子分析的结果显示，KMO值为0.824，满足0.5的最低接受标准，说明数据非常适合做因子分析[97]。由巴特利特球形检验可知，χ^2值为2 781.935，df为171，在P<0.000条件下显著，进一步说明数据适合做因子分析。

正交旋转截取出五个特征值大于1的因子，方差累积百分比为62.310%。由表2-11可知，19个题项都在所属的维度下，与本研究的

设计相符，且都具有大于 0.5 的因子负载，即负荷系数都在 0.516 至
0.851 之间，没有出现跨因子负载的现象。这说明测量量表具有较好的
区别效度，初步证明了本研究对品牌体验的五个维度的划分合理性。

（4）收敛效度分析

收敛效度是测量各维度下所有题项间的相关性。本研究主要通过两
个步骤来检验品牌体验测量量表的收敛效度：第一步是观察所有题项的
标准化负载系数；第二步则是计算各维度的平均方差提取量（AVE）。
采用安德森（Anderson）等学者建议的方法，通过一阶验证性因子分析
来评价品牌体验测量量表的收敛效度，如表 2-12 和图 2-2 所示。

表2-12 收敛效度分析结果

潜变量名称	观测变量代码	标准化因子负荷	T值	标准化误差项	平均方差提取量
CE	CE1	0.78	9.52	0.28	0.8766
	CE2	0.72	8.51	0.24	
	CE3	0.82	10.15	0.32	
	CE4	0.73	6.86	0.30	
PE	PE1	0.76	9.03	0.43	0.8272
	PE2	0.81	10.02	0.34	
	PE3	0.70	8.18	0.32	
	PE4	0.78	7.17	0.29	
BE	BE1	0.94	15.28	0.13	0.9615
	BE2	0.96	13.42	0.11	
	BE3	0.85	7.53	0.27	
	BE4	0.91	6.13	0.18	
AE	AE1	0.87	6.66	0.23	0.8746
	AE2	0.84	10.32	0.29	
	AE3	0.78	9.28	0.40	
RE	RE1	0.84	15.27	0.21	0.9273
	RE2	0.79	14.03	0.28	
	RE3	0.86	8.65	0.19	
	RE4	0.83	9.69	0.24	

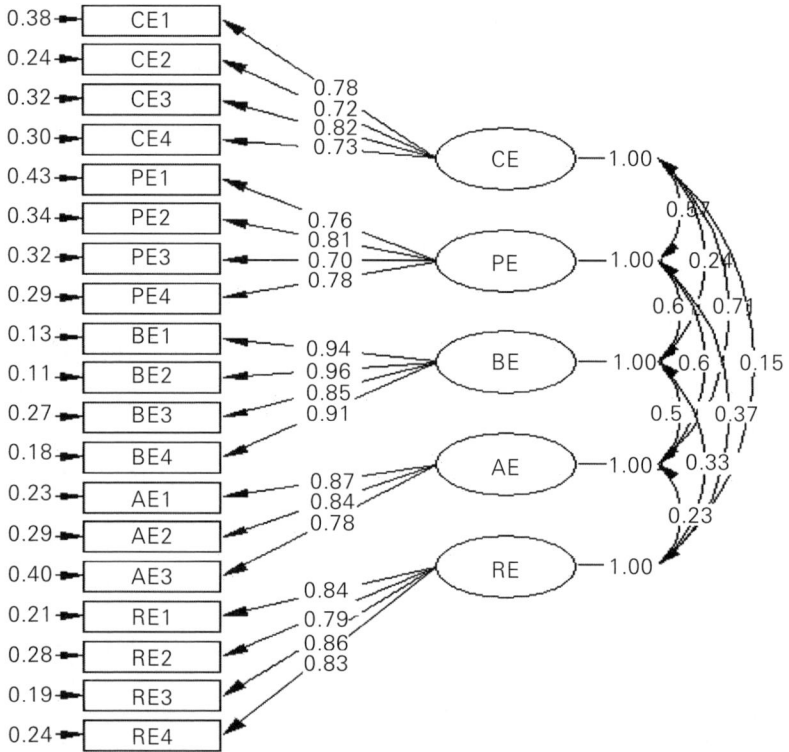

χ^2	df	χ^2/df	GFI	AGFI	NFI	CFI	RMSEA	RMR
342.56	142	2.41	0.92	0.96	0.91	0.96	0.073	0.038

图 2-2　一阶验证性因子分析结果

由表 2-12 和图 2-2 可知，各维度下的所有题项的标准化负载系数都在 0.70 至 0.96 之间，满足 0.7 的最低接受标准[94-95]，且在 P<0.001 条件下呈现统计显著性。各维度的平均方差提取量都在 0.8272 至 0.9615 之间，远高于 0.5 的最低接受标准[98]。综合两个指标的检验结果，本研究开发的品牌体验测量量表具有较好的收敛效度。

另外，一阶验证因子分析的结果中，模型的 χ^2、χ^2/df 值以及 CFI 等拟合指标也是重要的参考依据。一般来说，χ^2/df 值在 2 至 5 之间，说明模型与完美模型的契合度较好；而 CFI、GFI、AGFI、NFI 等拟合指标都在 0.9 以上，说明模型的拟合度很好。

本研究的一阶验证性因子分析的结果中，x^2/df 值为 2.41，处于 2 至 5 之间；CFI、GFI、AGFI、NFI 等拟合指标都在 0.91 至 0.96 之间，满足大于 0.9 的最低接受标准；RMSEA 和 RMR 分别为 0.073 和 0.038，分别满足小于 0.08 和小于 0.05 的最低接受标准。进一步说明，本研究开发的品牌体验测量量表具有较好的收敛效度。

（5）区别效度分析

区别效度是某个概念体系中，各维度之间的差异程度。本研究借鉴海切尔（Hatcher）等学者的方法，对品牌体验概念下的五个维度逐一配对，进行比较检验[99-100]。具体的步骤是：对任意配对的维度组进行验证性因子分析，通过限定两个潜变量的相关系数为固定值 1 或者限定自由，得到两组不同的分析结果，然后对比两组结果的 x^2 值，x^2 值的差异越大，说明这两个维度的区别效度越高[101-103]。本研究中品牌体验的五个维度逐一配对后，通过限定模式与非限定模式的比较分析结果如表 2-13 所示。

表2-13 区别效度分析结果

配对维度	非限定模式		限定模式		Δx^2
	x^2值	df	x^2值	df	
CE & PE	78.39	17	1 374.21	18	1 295.82[***]
CE & BE	73.46	17	1 459.07	18	1 385.61[***]
CE & AE	55.31	13	1 025.68	14	970.37[***]
CE & RE	58.93	13	1 189.24	14	1 130.31[***]
PE & BE	85.76	17	1 321.95	18	1 236.19[***]
PE & AE	112.03	20	1 603.28	21	1 491.25[***]
PE & RE	80.06	17	1 287.30	18	1 207.24[***]
BE & AE	86.77	17	1 322.49	18	1 235.72[***]
BE & RE	108.94	20	1 583.16	21	1 474.22[***]
AE & RE	79.58	17	1 294.38	18	1 214.80[***]

注：[***]在 p<0.001 水平上具有统计显著性。

由表 2-13 可知，任意配对的维度组在限定与非限定的条件下，$\Delta\chi^2$ 值的差异最小为 970.37，远高于 $\Delta df=1$、$\Delta\chi^2 \geqslant 300$ 时、$P<0.001$ 的条件下显著的标准。说明所有的维度组都具有较好的区别效度。

除了上述检验区别效度的方法，福尼尔（Fornell）等学者建议比较各维度的平均方差提取量的平方根与各维度间的相关系数的大小[98]，当该维度的平均方差提取量的平方根大于该维度与其他各维度的相关系数时，证明各维度间具有较好的区别效度。我们提取并计算出各维度的平均方差提取量的平方根，并与该维度和其他各维度的相关系数作比较，如表 2-14 所示。

表2-14　　　　　　　　　　区别效度分析结果

潜变量	CE	PE	BE	AE	RE
CE	0.936				
PE	0.57	0.910			
BE	0.24	0.60	0.981		
AE	0.71	0.60	0.50	0.935	
RE	0.15	0.37	0.33	0.23	0.963

由表 2-14 可知，对角线上的数字是各维度的平均方差提取量的平方根，其值都在 0.910 至 0.981 之间，而各维度间的相关系数都在 0.15 至 0.71 之间，显然，各维度的平均方差提取量的平方根都明显大于该维度与其他维度间的相关系数，从而进一步说明，本研究开发的品牌体验测量量表的各维度之间具有较好的区别效度。

（6）交叉效度分析

交叉效度是以某个标准将所有样本分成两部分，在两个子样本中分别进行模型检验，如果两个子样本的检验结果具有一致性，说明量表的交叉效度较好。本研究以性别为标准，将总样本分为男性和女性两个子样本。我们相信男性和女性对于智能手机的品牌体验、购买的动机及影响因素等方面的感知具有差异性。划分后，男性的样本量为 174，占总样本的比例为46.5%；女性的样本量为200，占总样本的比例为53.5%。我们分别对两个子样本中的品牌体验五个维度进行一阶验证性因子分析，检验结果如表2-15所示。

表2-15　　　　　　　　　　交叉效度分析结果

拟合指标	χ^2	df	χ^2/df	GFI	AGFI	NFI	CFI	RMSEA	RMR
男性样本（174）	286.74	142	2.02	0.92	0.92	0.96	0.98	0.064	0.037
女性样本（200）	317.52	142	2.24	0.95	0.32	0.98	0.99	0.069	0.042

由表2-15可知，两个子样本的χ^2/df值分别为2.02和2.24，满足大于2且小于5的要求标准，说明两个子样本模型的总体拟合效果较好；两个子样本的拟合指标GFI、AGFI、NFI、CFI都在0.92至0.99之间，满足大于0.9的最低接受标准；RMSEA分别为0.064和0.069，满足小于0.08的最低接受标准；RMR分别为0.037和0.042，满足小于0.05的最低接受标准。因此，两个子样本的模型的检验结果符合各指标的标准要求，具有显著的一致性，说明本研究开发的品牌体验测量量表具有较好的交叉效度。

（7）律则效度分析

律则效度是检验概念体系的各维度与另一个和他们有理论关系的变量的因果关系。本研究选择的与品牌体验各维度有理论关系的变量是购买意愿，即探讨品牌体验的五个维度与消费者购买意愿之间的因果关系。之所以选择购买意愿这个变量，是因为如果品牌体验传递得准确和到位，消费者就会对某品牌的产品或服务产生购买意愿，关于品牌体验与购买意愿的影响关系，本研究将在后续章节详细阐述和论证。

为了更好地检验品牌体验测量量表的律则效度，本研究在调查问卷中设计了3个测量购买意愿的题项，即"我非常渴望购买该品牌的智能手机""我将会购买该品牌的智能手机""我很可能购买该品牌的智能手机"，这组题项的克隆巴赫系数为0.8442。品牌体验五个维度与购买有意愿之间的因果关系检验结果如表2-16所示。

表2-16 律则效度分析结果

因果关系	标准化路径系数	T值
认知体验→购买意愿	0.43	5.54
产品体验→购买意愿	0.62	6.83
传播体验→购买意愿	0.81	6.78
情感体验→购买意愿	0.69	4.58
关联体验→购买意愿	0.57	3.79
χ^2	437.48	NFI	0.97
df	183	CFI	0.95
χ^2/df	2.39	IFI	0.93
RMSEA	0.055	GFI	0.94
RMR	0.029	AGFI	0.90

由表2-16可知，品牌体验的五个维度在模型中都对购买意愿具有正向影响。T值都大于2，说明所有影响都显著；所有拟合指标都满足相应的标准要求。说明本研究开发的品牌体验测量量表具有较好的律则效度。

（8）二阶验证性因子分析

我们已经对品牌体验的五个维度进行了一阶验证性因子分析，证明了各维度间具有较高的相关性，为了更好地证明各维度都属于品牌体验这一概念体系下，即进一步证明维度划分的合理性，我们将通过二阶验证性因子分析，提取更高一阶的共同因子。因为二阶因子无法通过观测直接得到，因此我们将借助一阶因子间接观测二阶因子。该分析即为二阶验证性因子分析，它是比一阶验证性因子分析更高阶、更抽象的分析方法[104]。我们将一阶因子负载到二阶因子上，根据标准化路径系数检验模型的收敛效度，一阶因子间的关系通过二阶因子得到解释。本研究将品牌体验的五个维度作为一阶因子，将品牌体验作为二阶因子，分析检验的结果如表2-17和图2-3所示。

表2-17　　　　　　　　　　二阶验证性因子分析结果

二阶因子	一阶因子	路径系数	T值	观测变量	标准化负荷系数
智能手机行业品牌体验	认知体验（CE）	0.78	18.15	CE1	0.79
				CE2	0.74
				CE3	0.81
				CE4	0.80
	产品体验（PE）	0.89	24.86	PE1	0.78
				PE2	0.79
				PE3	0.82
				PE4	0.83
	传播体验（BE）	0.92	19.77	BE1	0.83
				BE2	0.85
				BE3	0.82
				BE4	0.76
	情感体验（AE）	0.81	12.38	AE1	0.80
				AE2	0.85
				AE3	0.77
	关联体验（RE）	0.76	9.13	RE1	0.78
				RE2	0.85
				RE3	0.79
				RE4	0.81

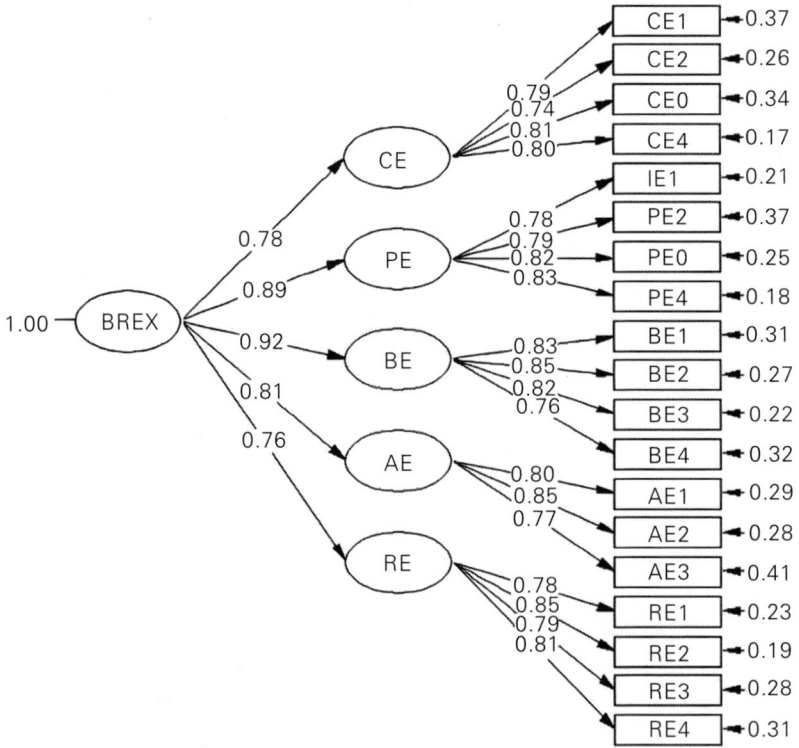

χ^2	df	χ^2/df	GFI	AGFI	NFI	CFI	RMSEA	RMR
637.25	168	3.79	0.94	0.92	0.99	0.95	0.057	0.030

图 2-3　二阶验证性因子分析模型

由表2-17可知，二阶因子与五个一阶因子之间的标准化路径系数分为别0.78、0.89、0.92、0.81和0.76，各系数都为正，且都满足0.7的最低接受标准，说明二阶验证因子分析模型的拟合度较好，收敛效度也较好。

由图2-3可知，二阶验证因子分析模型的拟合指标GFI、AGFI、NFI、CFI都满足0.9的最低接受标准；χ^2/df为3.79，满足2至5的区间标准要求；RMSEA和RMR分别为0.057和0.030，分别满足小于0.08和小于0.05的最低接受标准。因此，二阶验证性因子分析模型具有较高的数据拟合度。综上，本研究开发的品牌体验测量量表中的五个维度可以较好地收敛于智能手机行业品牌体验这一更高层阶的概念。

2.3　本章小结

　　本章首先回顾和总结了顾客体验与品牌体验的概念、内涵、特点、维度构成等方面的研究现状，结合智能手机行业的特殊背景与特点，界定了智能手机行业品牌体验的定义，并以学者的研究成果为基础和依据，以深度访谈等方式丰富智能手机行业品牌体验的内容，创造性地划分出针对智能手机行业的品牌体验的维度，并界定了各维度的概念和内涵，开发了智能手机行业品牌体验的五维度测量量表，结合经典量表的借鉴与深度访谈的归纳，形成初始问卷。通过预调研对问卷进行了初始检验和题项过滤，并最终形成五个维度、十九个题项的正式问卷。通过大规模的随机市场调查，对问卷回收的数据进行了整理和分析，经过内部一致性信度分析、探索性因子分析、收敛效度分析、区别效度分析、交叉效度分析、律则效度分析、二阶验证性因子分析七项检验，本研究开发的智能手机行业品牌体验的测量量表达到了各项检验的标准，能够准确有效地测量品牌体验这一概念。该量表可以为后续相关研究提供参考和依据。

3 品牌体验对消费者购买意愿的影响机制

本章所涉及的理性行为理论、计划行为理论以及自我概念的相关研究已经在第1章中进行了综述。因此，首先，本章将对涉及的概念进行界定；其次，以理论为基础，辅之以逻辑推论与经验法则，通过理论分析推导研究假设，提出理论模型；再次，针对所有概念开发测量工具，通过预调研进行量表修正；最后，通过大规模调研收集数据，检验研究假设和理论模型。

3.1 相关概念评述

3.1.1 态度

社会心理学指出，态度是人们在客观社会中逐渐形成的，而不是与生俱来的。态度基于个人对其他人、事、物的认识，并会影响个人的生活、学习、工作、娱乐、购买等社会行为。由于态度是预测个人行为的重要因素之一，很多社会心理学家都对其进行了深入的研究和探讨。随着态度这一概念的应用领域逐渐拓宽，其研究意义更加不言而喻。

早期的很多社会心理学家都对态度的概念进行了界定，其中最具影响力的就是奥尔波特（Allport），他提出态度是个人或社会群体对其他人事物的评价与心理倾向。这种评价和倾向既表现在个人对其他人事物的赞同、确定、相信等行为，又表现在对其他人事物的喜爱、接受、反感等心理反应。因此，态度具有评价性和心理倾向性。社会心理学提出认知、情感、意愿是态度的三大要素，我们也可以从这个角度来深入了解态度的内涵与构成。认知是指个人对客观人事物的感觉、了解甚至判断，它来源于个人的经验和经历，是形成态度的基础；情感是指个人对客观人事物的情绪，个人的喜好和价值观决定着这种情绪的程度；而意愿是指个人对客观人事物的行为倾向，这种倾向会直接导致实际行为的产生。同时，意愿会受到态度的认知和情感两大因素的综合影响，但是，当认知与情感发生冲突时，态度多数情况下还是决定于情感。总体说来，态度的三大要素是相互协调、相互联系的。

态度与行为的关系比较复杂，社会心理学指出，态度的强度是影响其与行为一致性的首要因素，即强度越高，态度与行为越一致。而社会环境也会影响态度与行为的一致性，即社会压力越大，态度与行为越不一致，这就可以解释，为什么一些人会在压力之下做出违背内心意愿的行为[105]。当然，态度会随着个人社会角色的不同而转变，担任不同的社会角色，就要做出与之相符的社会行为，这些行为也会反作用于态度，有利于态度的转变。例如，青春期的孩子对父母的管教有时不够理解，而当他们结婚生子后，回忆父母当时的管教会产生不一样的态度。

很多学者都对态度的构成进行了研究，有人认为态度是单一维度的，也有人提出态度是多个维度的[106]。经过大量的实证研究，很多学者发现，理性行为理论中的态度过多地考虑了认知因素，而忽略了情感因素的作用[107-109]。弗伦奇（French）等学者对模型中的态度补充了情感因素，使整个模型的预测效果更加显著[110]，另有研究表明，态度中的情感因素会增强行为意愿[111]。综上所述，本研究认为，态度是消费者对产品、服务及品牌的认知与情感的综合作用结果。

3.1.2　主观规范

规范一般是指一个组织在其社会互动中可以接受的思维方式、行为方式及情感表达方式。社会规范的形成来源于其他人的想法对个体的影响，就像在频繁的社会互动事件中，一个群体中的大多数成员总是维护和保持他们的相似点。在一个社会群体中，个人总是倾向于通过外部的各种信息或者参考多数人的行为来为自己做决定，因为在很多情况下，我们无法得到确定的信息，为了尽可能地做出正确的决定，我们就会参考多数人的行为，例如，一些健康杂志或广告宣传儿童牛奶可以帮助孩子长高，很多家长便纷纷购买。

从理性行为理论模型可以看出，行为意愿可以通过测量主观规范来研究，而消费者的购买意愿可以通过他们现有的社会圈（如家庭、朋友、同事等）对预期行为的情感接受程度来评估和测量。社会规范已经被认为在形成消费者购买意愿的过程中起到了重要作用[112]。但是大量的实证研究表明，理性行为理论中的行为意愿与行为、态度与行为意愿这两组变量关系得到了支持[74]，而主观规范与行为意愿的影响关系时而显著，时而不显著，且主观规范对行为意愿的影响要小于态度对行为意愿的影响[113]。

本研究中的主观规范是指消费者在选择和购买智能手机时，品牌的选择受到所属社会群体的压力或周边他人的影响，由此产生的主观信念，这种信念会进一步地影响购买意愿和行为。

3.1.3　感知行为控制

感知行为控制是指个人实现某种行为的难易程度，它既包含个人对行为的信念，又包含着个人对行为的过往经验[114]。感知行为控制是对实现某种行为的资源、机会、精力等要素的综合感知。当个人感觉拥有足够的相关资源完成某种行为时，他的感知行为控制的程度就会高；当个人感觉相关资源不足，或过去的经验让其感到困难，他的感知行为控制的程度就会降低，他对完成该行为的意愿也会减弱[115-116]。因此，某种行为的实现还受到很多非动机因素的影响，如资源、时间、能力、价格、知识储备等。

感知行为控制对行为有重要的影响，其影响机制主要有以下两种：

（1）间接影响

当资源、能力、时间等非动机因素不足时，个人就无法对该行为具有强烈的执行意愿，就算具备正向的态度和主观规范的影响，也难以实现行为。由此，感知行为控制通过行为意愿间接影响行为的发生。

（2）直接影响

当某些行为不受理性意识的约束而发生，而且感知行为控制体现出一定程度的实际控制时，行为的发生会直接受到感知行为控制的影响，而不需要经过行为意愿这一中间环节[117]。

本研究中的感知行为控制是指消费者在选择和购买智能手机时所感知到的难易程度，包括消费者获得各品牌产品的信息、可承受的价格、购买渠道的便捷性等等。

3.1.4 行为意愿

菲什宾与艾吉森的研究表明，行为意愿是个人实现某一行为的倾向，对行为的实现起到决定性作用[68]，也是所有行为在实现过程中的先前因素。艾吉力（Eagly）和查肯（Chaiken）的研究表明，行为意愿与行为态度是两个完全不同的概念，行为意愿是个人为了实现某种行为而有意识地主动争取，具有显著的个人动机[118]。很多学者将行为意愿定义为个体实现某一行为的主观可能[119]，也有学者认为，行为意愿是个体实现某一行为的概率和提前估计[120-121]。

行为意愿是很多经济学家和营销专家预测消费者行为的重要研究对象。巴戈齐（Bagozzi）和鲍姆加藤（Baumgarten）经过论证后指出，行为意愿与实际行为之间存在着密切的联系[122]。迈考利（McQuarrie）在科技类产品的购买研究中发现，消费者的教育水平和参与度都与行为意愿有密切的联系[123]。所以，行为意愿的研究对消费和行为的预测和营销策略的制定都具有显著的重要意义。大量实证研究表明，理性行为理论和计划行为理论对行为意愿的测量具有较好的适用性。

本研究所涉及的行为意愿主要是指消费者对智能手机品牌的购买意

愿，并将其作为单维度变量予以测量，包括消费者的购买可能性、计划性和主观概率等。

3.2 假设推导与模型构建

3.2.1 品牌体验与自我概念一致性的关系假设

理查德森（Richardson）、阿兰（Alan）和阿伦（Arun）在 1994 年的研究中指出[124]，品牌形象是消费者评价的外部因素，产品实用性是内在价值，消费者通过外部因素和内在价值产生品牌信任和偏好。自我差距理论与自尊动机理论指出，消费者总是希望拉近理想自我与现实自我的差距，这种驱动会促使消费者倾向于与理想自我更为接近的品牌[125]。

消费者的自我感知一致性的判断是来自于品牌形象或个性与自身形象匹配后的结果。智能手机企业通过媒体广告、官方网站、微博、网络社区及产品发布会等多种渠道，对品牌形象进行传播和强化，使消费者在短时间内对该品牌有了形象化的了解和印象，并尽量使品牌形象与目标群体的自我感知相一致，使目标客户群体产生"我这类人群就应该使用该品牌的产品"的观念，并在不断地加强观念和加深印象的过程中，促使消费者产生购买意愿。而产品本身的独特造型、科技感操作、强大的功能等等，会与品牌形象相呼应，从而使消费者在抽象观念与实际产品的交互作用下，将自身与该品牌紧密联系，成为该品牌的忠诚用户。因此，品牌的多渠道传播、品牌形象的建立、产品的设计使用与品牌形象的呼应等因素，都可以影响消费者对自我概念与品牌形象匹配程度的判断，进而产生自我概念一致性，促使品牌选择或品牌购买等行为的发生。综上所述，本研究提出以下假设：

H1a：认知体验对自我概念一致性有积极的正向影响。

H1b：产品体验对自我概念一致性有积极的正向影响。

H1c：传播体验对自我概念一致性有积极的正向影响。

3.2.2　品牌体验与品牌态度的关系假设

张宝龙和郑明华（Chang & Chieng，2006）对上海和台北两个城市的咖啡厅进行了实证调查，发现个人体验（包括感官和情感体验）和共享体验（包括思考、行为和关联体验）都对品牌态度有显著影响[126]。尹成俊和朴智恩（Yoon & Park，2012）认为，品牌对视觉的刺激是在所有感官中对品牌态度影响最大的，而品牌的标识在其中也起着重要的作用[127]。可见，传播体验通过多种方式对感官的刺激将对品牌态度形成显著影响。

社会心理学对态度的内在构成要素进行了划分，即态度包含认知、情感、行为三大要素。品牌体验对态度的影响可以看作品牌体验的不同维度对态度的三大要素的影响作用的综合效果。例如，认知体验从抽象的品牌形象和品牌愿景获得目标客户群体的共鸣、认可和喜爱，进而影响了消费者态度中的认知和情感要素；产品体验是通过实际的产品使用，使消费者认识到产品的实用价值，有些产品功能甚至会改变人们的生活与沟通交流方式；传播体验则通过各类媒体广告、微博和微信等社会化媒体、论坛及社区的传播方式，渗透和加深消费者对品牌的认知和情感偏好，引导和培养消费者的使用习惯。

布朗（Brown）与斯泰曼（Stayman）的研究发现了情感对态度的直接影响[128]。切纳托尼（Chernatony）和莱利（Riley）在 2000 年的研究中指出，消费者与品牌之间的情感联系将增强其对品牌的好感和评价[129]。玛德琳·E. 普尔曼（Madeleine E. Pullman）等在 2004 年的研究中提出消费者在产品体验中的美好情绪，将提升消费者的体验效果和对品牌的态度[130]。显然，情感体验对消费者的态度（尤其是情感部分）有影响，而且这种影响是一种更加内在的、深入的、紧密的联系，一旦形成，便会产生牢固的品牌忠诚。

社会心理学告诉我们，态度的特征之一就是社会性。这种特征不是与生俱来的，而是在社会环境的影响下慢慢形成的，因此，态度也会随着社会环境的改变而改变，与不断变化的社会环境和个人经历相匹配和统一。关联体验使消费者意识到自己在社会环境中不是孤立存在的，而是属于某一社会群体，在该群体中，自身与其他人有着共同的偏好、观点和生活态度。这一体验直接与态度的社会性有关，使消费者找到社会归属感，并能够更乐意与该群体及个人进行互动和交流。综上所述，本研究提出以下假设：

H2a：认知体验对品牌态度有积极的正向影响。

H2b：产品体验对品牌态度有积极的正向影响。

H2c：传播体验对品牌态度有积极的正向影响。

H2d：情感体验对品牌态度有积极的正向影响。

H2e：关联体验对品牌态度有积极的正向影响。

3.2.3　品牌体验与主观规范的关系假设

西尔迪尼（Cialdini）、卡尔格伦（Kallgren）和雷诺（Reno）等学者指出，个体在社会环境及相关社会群体的压力下，其行为会受到影响[131]。依从动机是社会心理学的重要概念，它指出个体将主动依从相关社会群体的信念与规则，更倾向于按照社会规范做出行为，更乐意也更看重相关社会群体及他人对个人的评价。依从动机揭示了主观规范的两个前因影响要素，即个体受到社会群体的压力程度和个体对社会群体的依从程度。应该说，要想形成或影响主观规范，前提是必须有交流和互动，并在这种交流与互动中对个体形成规范和压力。本研究的品牌体验中的传播体验与关联体验可以在互动中形成传播的影响力，进而影响主观规范。

在智能手机行业中，主观规范的重要性不言而喻，因为智能手机的主流客户是年轻群体，这一群体的特点就是彰显个性，展示自我，渴望被重视，乐于沟通和交流。传播体验正是从视觉和听觉等感官上给予年轻人新鲜感和刺激，激发兴趣和联想力，使其主动地对偏好的品牌进行了解和讨论，而关联体验有助于具有相似兴趣偏好的人形成社会群体，实现更好的交流与沟通，进而产生主观规范，影响群体内及相关个体的品牌偏好。例如，经常使用微信和微博的人群会觉得自己是时尚的、前沿的、引领潮流的，并且与其他类似的喜欢微信、微博的人们属于同一个社会群体，都是时尚达人，他们乐于在群体内讨论微信、微博的话题，并以群体的力量影响着周边的人们，甚至会向别人推荐使用微信或微博，以加入他们的讨论，成为群体的一员。综上所述，本研究提出以下假设：

H3a：传播体验对主观规范有积极的正向影响。

H3b：关联体验对主观规范有积极的正向影响。

3.2.4 品牌体验与感知行为控制的关系假设

感知行为控制综合了获取所需资源的便利性和预期未来可能遇到的困难，是指实现某一行为的难易程度。影响感知行为控制的因素主要是资源的可控性与便利性。艾吉森指出[132]，当个体掌握了实现某种行为的资源或机会时，他对于实现该行为的意识越强。法齐奥（Fazio）和赞那（Zanna）指出[133]，当个体缺乏实现某种行为的资源，或有过曾经相似的经验时，他对实现该行为的意图明显下降，可见实现某一行为的影响因素很多，包括技术、知识、时间、精力、财力等。这些资源的获得越容易、越便利，实现某种行为的可能性越大，反之则越小。

对智能手机行业来说，这种难易程度一方面是指产品本身的功能操作的难易，一方面是指消费者在选择品牌时所需要的资源，包括品牌信息、产品信息、购买渠道及价格等要素。因此，各智能手机企业在营销推广时特别重视信息的传播，例如媒体广告、官方网站、微博、实体直营店甚至不定期的发布会等，通过传播使消费者更容易地获取品牌的信息资源，如品牌形象、产品型号、新品特点、打折促销等；通过多渠道的营销模式，如实体直营店、官网直销、第三方网络平台等，使消费者更容易地购买到品牌产品。因此，传播体验可以大大减少消费者购买品牌产品时的成本，降低消费者的购买难度。对消费者来说，整个品牌信息搜集、品牌产品选定、品牌产品购买及获得的过程简单化和更易控制，增强了其购买意愿，有利于实现购买行为。综上所述，本研究提出以下假设：

H4a：产品体验对感知行为控制有积极的正向影响。

H4b：传播体验对感知行为控制有积极的正向影响。

3.2.5 自我概念一致性与购买意愿的关系假设

自我概念一致性是指消费者认为自身的个性或形象与某品牌的个性或形象相一致。有学者发现[50]，当品牌的个性或形象与消费者的自我概念相一致时，品牌的个性或形象可以展示消费者的个性，消费者对该品牌具有很强的偏好，容易发生持续购买的行为。我国学者曹高举也指出[134]，自我概念与品牌的一致性越高，消费者购买该品牌的可能性越大。埃斯卡拉斯（Escalas）和贝特曼（Bettman）在2003年的研究中指出[135]，消费者对品牌产生认可，甚至认为某品牌能够代表自己，那么该品牌就与消费者建立了较深的情感联系，并在消费者的日常生活和社会交往中发挥作用。

在智能手机行业，当消费者认为自身形象与某一品牌所树立和传递的形象一致时，就会对该品牌产生偏好及正面评价，引发选择和购买等行为动机。在当今智能手机市场上，产品趋于同质化，所以，品牌为消费者所提供的功能性利益无法实现差异化，因此，品牌的象征性利益就显得格外重要，消费者对智能手机的购买不是单纯地为了产品本身，更重要的是认可品牌形象，并认为自己与该品牌的个性和形象具有一致性，借助品牌来表现自己的个性、时尚和与众不同，达到自我实现的最终目的。从社会心理学的角度出发，人在多数情况下会倾向于那些与自身相似的人和事物，这种相似包括个性、文化、生活方式、兴趣爱好等。因此，智能手机品牌的品牌形象与消费者的自我概念相一致时，更容易引起品牌偏好，增加购买行为的可能性。综上所述，本研究提出以下假设：

H5：自我概念一致性对购买意愿有积极的正向影响。

3.2.6 品牌态度、主观规范及感知行为控制与购买意愿的关系假设

品牌态度是指消费者对品牌的评价和心理倾向。很多学者的研究表明，消费者对某一品牌的评价越好，倾向性越明显，其购买行为发生的概率越大，即品牌态度对购买意愿具有显著的正向影响。利亚（Lia）

和施密特在2010年基于电子产品、汽车业和食品进行的研究表明，品牌态度能够较好地预测购买意愿[136]。董玉（2011）指出，认知态度与情感态度都对购买意愿有直接影响，且情感态度的影响更显著[137]。在理性行为理论和计划行为理论中，态度都是意愿的主要决定因素，并通过意愿影响实际的行为。菲什宾与艾吉森通过研究指出，个人对某一行为的态度越积极，实现该行为的意愿就越显著，即态度是预测意愿的主要影响因素[68]。帕夫洛（Pavlou）等学者利用理性行为理论和计划行为理论模型，验证了态度可以有效预测行为意愿[138]。拉姆（Lam）等学者对澳大利亚旅游住宿行业的研究，也得到了类似的结果[139]。朴清伊（Park Cheong Yi）对韩国移动通信行业的研究表明，态度在影响购买意愿的因素中，其预测能力最强[140]。

与行为态度类似，主观规范在理性行为理论与计划行为理论中都被看作影响行为意愿的直接因素，并得到很多实证研究的验证。艾吉森认为主观规范与行为意愿之间存在显著的紧密联系[141]。彼得森（Pedersen）的研究表明，对于年轻群体来说，主观规范对行为意愿的影响更为明显[142]。科特勒（Kotler）认为行为意愿会受到传媒、家庭环境及所属社会群体的影响[143]。学者于（Yu）以电视购物为研究对象，发现周边人群的推荐和意见对购买意愿的影响很显著[144]。主观规范是个体所处的社会环境（社会群体或他人）对其的压力和影响。在社会中，个人的行为常常受到社会环境的影响，特别是与自己联系紧密的人或者对自己影响较大的人，其观点和意见会对个人产生较大影响。主观规范经常影响个人的行为意愿，并很可能形成最终的行为。

感知行为控制是计划行为理论有别于理性行为理论的关键变量，学者艾吉森提出这一概念是为了完善理性行为理论适用性的不足，提升计划行为理论的预测能力。学者艾吉森指出，行为意愿受到态度、主观规范和感知行为控制的影响[132]。廖（Liao）和兰特里（Landry）在研究进饭店信息系统的使用意愿时发现，信息系统的易用性越强，饭店员工的使用意愿越高[145]。对于智能手机行业来说，某一品牌手机的相关信息越容易获取，价格越合理，购买渠道越多，消费者的购买意愿就越强。感知行为控制是指实现某种行为的难易程度，包括信息搜集、价格承受、获取渠道等。显然，实现某一行为越容易，即感知行为控制越强，该行为就越容易实现，行为意愿也随之增加；相反，如果实现某一行为的资源不足，个人实现该行为的意愿也会随之降低，进而无法实现该行为。综上所述，本研究提出以下假设：

H6：品牌态度对购买意愿有积极的正向影响。

H7：主观规范对购买意愿有积极的正向影响。

H8：感知行为控制对购买意愿有积极的正向影响。

综上，本研究探讨的品牌体验对消费者购买意愿影响的理论模型如图3-1所示。

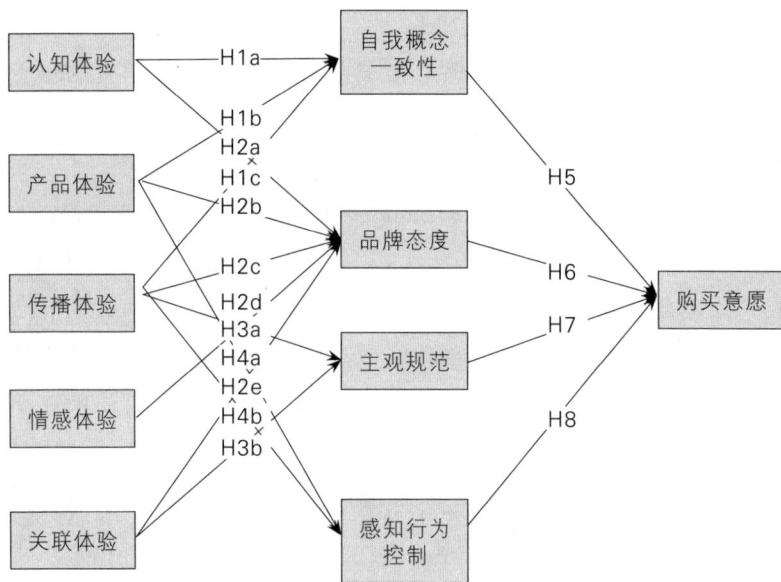

图3-1　本研究的理论模型

3.3　研究设计

本节将首先界定理论模型涉及的各个概念的操作性定义，给出各概念的初始题项来源。然后，进行预调研，对回收数据进行检验，针对检验结果对初始题项进行修改和过滤，形成正式调研的问卷。本研究的理论模型涉及十个概念,其中,认知体验、产品体验、传播体验、情感体验和关联体验属于品牌体验的五个维度,它们的测量题项已经在第2章中确定,因此本节将重点提出和完善自我概念一致性、品牌态度、主观规范、感知行为控制和购买意愿五个概念的测量题项,最后加入人口统计变量,形成正式问卷。

3.3.1 相关概念的操作性定义与测量工具

在测量概念时,很多学者都建议测量题项最好不要是单题项,而是多个测量题项共同测量,这样的测量效果更好、更准确[90],所以本节将以多题项的方式对所有概念进行测量。题项的来源主要依靠之前学者的相关研究所开发的测量量表,并辅之以深度访谈的结果,筛选符合本研究的测量题项。

(1)自我概念一致性的定义与测量

自我概念一致性是理想自我与现实自我的综合组织体与品牌个性及形象的相似和统一。很多学者都对自我概念一致性进行过测量,大多数都是以自我概念的维度划分方式为基础,进行测量题项的设计。本研究总结了学者对自我概念一致性的测量题项,如表3-1所示。

表3-1　　　　　　　　　自我概念一致性的初始测量题项

学者	维度	题项关键词
瑟吉(2000)[59]	理想自我	我希望自己的形象……
	现实自我	我认为自己的形象……
	社会自我	我认为我在他人眼中的形象……
	理想社会自我	我希望我在他人眼中的形象……
杨晓燕(2002)[62]	家庭自我	注重家庭亲情关系
	情感自我	追求个人情感满足
	发展自我	追求事业成功,具有目标导向
	表现自我	追求时尚,喜好交际
	心灵自我	追求内在心灵的自由与安详

续表

学者	维度	题项关键词
曾智（2004）[64]	情感自我	追求个人情感满足
	表现自我	追求时尚，喜好交际
	发展自我	追求成功，有目标
	心理自我	内在心灵的自由

本研究中智能手机行业消费者的自我概念一致性的定义是：消费者在品牌体验的刺激下，感到真实自我或理想自我与品牌传递的形象相一致的判断。由于瑟吉的研究在该领域具有较大的影响力和权威性，后续的多数研究都是在其基础上进行的拓展和延伸，因此本研究将瑟吉的研究结果与深度访谈相结合，并最后确定了智能手机行业消费者自我概念一致性的测量题项，如表3-2所示。

表3-2　　　　　　　　**本研究中自我概念一致性的测量题项**

变量	代码	测量题项
自我概念一致性（SC）	SC-1	我认为自己的形象和品位与该品牌所传达的形象和定位相符合
	SC-2	我希望自己的形象和品位与该品牌所传达的形象和定位相符合
	SC-3	我认为自己在别人心目中的形象和品位与该品牌所传达的形象和定位相符合
	SC-4	我希望自己在别人心目中的形象和品位与该品牌所传达的形象和定位相符合

（2）品牌态度的定义与测量

品牌态度就是消费者对于品牌的偏好评价和心理倾向。在营销领域，学者对态度的研究已经很多，也较为成熟了。已有学者针对各个行业背景下的态度进行过研究和测量，开发出很多测量题项，并给予了实证检验。本研究针对之前学者对态度的初始测量题项进行了整理和筛选，具体如表3-3所示。

表3-3   态度的初始测量题项

学者	题项关键词
艾吉森（1992）[79]	非常好–非常坏；聪明的–愚蠢的；有益的–有害的
弗伦奇（2005）[110]	感兴趣的–令人厌恶的；有利的–有害的；令人愉快–无乐趣
费兹莫里斯（Fitzmaurice，2005）[146]	有价值的–无价值的；值得的–不值得的；有帮助–没有帮助
特拉菲莫（Trafimow，1998、2004）[147, 148]	有用的–无用的；值得的–没有意义的；安全的–不安全的
巴戈齐（2000、2001）[149, 150]	有用的–没用的；正确的–错误的；高兴的–不高兴的；
	吸引人的–不吸引人的；使人着迷的–不使人着迷的

  本研究中智能手机行业品牌态度的定义是：消费者在品牌体验的刺激下，对各种智能手机品牌的偏好评价和心理倾向。由于智能手机行业中，产品同质化的现象非常普遍，各品牌产品在功能上的差异越来越小，因此，本研究认为，消费者在品牌选择时，起决定性作用的应该是情感态度，而不是认知态度。综合艾吉森、弗伦奇、特拉菲莫及巴戈齐等学者的研究，辅之以深度访谈的结果，本研究最后确定了智能手机行业品牌态度的测量题项，如表3-4所示。

表3-4   本研究中品牌态度的测量题项

变量	代码	测量题项
品牌态度（BA）	BA-1	该品牌让我很感兴趣
	BA-2	该品牌很吸引我
	BA-3	我喜欢这个品牌
	BA-4	我对该品牌是满意的
	BA-5	购买该品牌是愉快的、开心的

（3）主观规范的定义与测量

主观规范是个体感受到了社会环境或相关群体的压力而产生的行为信念。由于主观规范是消费者行为学中的重要概念，所以很多学者已经对其在很多行业背景下进行了研究和测量，开发了很多较成熟的测量题项。本研究针对之前学者对主观规范的初始测量题项进行了整理和筛选，如表3-5所示。

表3-5　　　　　　　　　　主观规范的初始测量题项

学者	题项关键词
科尔达诺（2000）[73]	群体中重要的人认为我应该……；对我重要的人赞成……
费兹莫里斯（2005）[146]	朋友和家认为我……是对的
巴戈齐（2001）[151]	大部分对我重要的人认为……

本研究中智能手机行业主观规范的定义是：消费者在周围朋友、同事及亲人等相关社会群体的影响下，对各智能手机的品牌产生的行为准则或信念。应该说，在智能手机行业，主观规范的影响比较明显，各智能手机企业通过各种途径和方式制造品牌话题，树立品牌形象，使更多的人去讨论该品牌。综合巴戈齐[151]、科尔达诺[73]及费兹莫里斯[146]等学者的研究，辅之以深度访谈的结果，本研究最后确定了智能手机行业主观规范的测量题项，如表3-6所示。

表3-6　　　　　　　　　本研究中主观规范的测量题项

变量	代码	测量题项
主观规范（SN）	SN-1	我身边很多朋友都购买过该品牌的产品
	SN-2	我身边的很多朋友都认为我购买该品牌是明智的
	SN-3	我身边很多朋友都赞成我购买该品牌的产品
	SN-4	我身边的很多朋友都认为我应该购买该品牌的产品

（4）感知行为控制

感知行为控制是个体实现某一特定行为的难易程度。这一概念是为了优化理性行为理论而在计划行为理论中提出的。学者对其进行了研究和测量，提出了较成熟的初始测量题项。本研究针对之前学者对感知行为控制的初始测量题项进行了整理和筛选，如表3-7所示。

表3-7　　　　　　　　感知行为控制的初始测量题项

学者	题项关键词
泰勒和托德（Taylor & Todd，1995）[152]	资源可得性，如时间、金钱、技能等
艾吉森（1991）[79]	资源便利性，如信息获取、硬件设施、参与方式等
彼得森（2003）[153]	资源便利性，如渠道便利、价格合理等

本研究中智能手机行业感知行为控制的定义是：消费者在选择和购买品牌产品时，相关资源的可得性和便利性。从资源可得性来说，包括了消费者愿意付出的时间、精力和金钱等；从资源便利性来说，包括了消费者了解品牌信息的难易程度、购买渠道的多样性及价格的合理性等。综合泰勒、托德[152]和彼得森[153]等学者的研究，辅之以深度访谈的结果，本研究最后确定了智能手机行业感知行为控制的测量题项，如表3-8所示。

表3-8　　　　　　　本研究中感知行为控制的测量题项

变量	代码	测量题项
感知行为控制（PBC）	PBC-1	我有充分的时间和精力去了解该品牌的相关信息
	PBC-2	我可以通过多种方式轻易便捷地获取该品牌产品的信息
	PBC-3	我可以通过多种渠道很容易地买到该品牌的产品
	PBC-4	该品牌的产品价格合理

（5）购买意愿的定义与测量

购买意愿是消费者发生购买行为的主观倾向和行为发生的概率。显然，这个概念包含了两个方面的内容，即主观倾向和行为发生概率。有些学者将二者合在一起研究和测量[154]，有些学者则将二者分开研究和测量[155-156]。后来，迈克尔（Michael）[156]和多德斯（Dodds）[119]等学者通过研究证实，主观倾向和行为发生概率并没有明显的差别，所以，本研究将购买意愿作为单维度变量进行研究和测量，购买意愿的初始测量题项如表3-9所示。

表3-9   **购买意愿的初始测量题项**

学者	题项关键词
迈克尔（1982）[156]	我计划购买……
多德斯（1991）[119]	我购买……的可能性很大；我会考虑购买……
巴戈齐（2001）[151]	我将购买……；我打算购买……

本研究中智能手机行业购买意愿的定义是：消费者购买某品牌智能手机的主观倾向或购买发生的概率。购买意愿的强弱直接决定着购买行为的发生，在消费者行为学中经常被研究和测量的概念。综合之前学者的研究，辅之以深度访谈的结果，本研究最后确定了智能手机行业购买意愿的测量题项，如表3-10所示。

表3-10   **本研究中购买意愿的测量题项**

变量	代码	测量题项
购买意愿（PI）	PI-1	我很有可能会购买该品牌的智能手机
	PI-2	我非常渴望购买该品牌的智能手机
	PI-3	我将会购买该品牌的智能手机
	PI-4	我倾向于购买该品牌的智能手机

3.3.2   量表的测试与修正

本节将以上五个概念的测量题项汇总，结合第2章品牌体验五个维度的测量题项，形成预调研的问卷，并且在大连市商业中心的大型智能手机销售中心对有意购买智能手机的消费群体进行随机抽样调查，共发放150份问卷，有效回收117份，有效率为78%，达到相关要求。下面通过信度和效度分析，对预调研问卷进行测试和修正。

（1）信度检验

品牌体验的五个维度即认知体验、产品体验、传播体验、情感体验和关联体验的测量题项已经在第2章中得到了检验，量表的信度和效度均良好，在此不再赘述。本节将针对自我概念一致性、品牌态度、主观规范、感知行为控制和购买意愿五个变量，进行其量表的内部一致性信度分析，如表3-11所示。

表3-11 内部一致性信度结果

变量	题项	CITC值	删除题项后系数	克隆巴赫系数
自我概念一致性（SC）	SC-1	0.7056	0.8699	0.8858
	SC-2	0.8084	0.8303	
	SC-3	0.7055	0.8700	
	SC-4	0.7865	0.8392	
品牌态度（BA）	BA-1	0.7907	0.8751	0.9029
	BA-2	0.7765	0.8774	
	BA-3	0.8652	0.8604	
	BA-4	0.6814	0.8978	
	BA-5	0.6919	0.8950	
主观规范（SN）	SN-1	0.5891	0.8299	0.8499
	SN-2	0.7508	0.7820	
	SN-3	0.8278	0.7508	
	SN-4	0.7160	0.7979	
感知行为控制（PBC）	PBC-1	0.5341	0.6613	0.6914
	PBC-2	0.5369	0.6445	
	PBC-3	0.5756	0.6012	
	PBC-4	0.4193	0.7224	
购买意愿（PI）	PI-1	0.5573	0.6133	0.7057
	PI-2	0.6209	0.4841	
	PI-3	0.5163	0.6361	
	PI-4	0.4584	0.7208	

由表3-11可知，感知行为控制中的PBC-4和购买意愿中的PI-4的CITC值分别为0.4193和0.4584，不符合大于0.5的标准，且删除后，感知行为控制和购买意愿的克隆巴赫系数分别从0.6914和0.4584提升到0.7224和0.7208，符合大于0.7的标准。另外三个变量即自我概念一致性、品牌态度和主观规范的CITC值都在0.5891至0.8652之间，符合大于0.5的标准。克隆巴赫系数都在0.8499至0.9029之间，符合大于0.7的标准。修正后的量表中，删除任何一个题项都会降低相应变量的克隆巴赫系数，因此修正后的量表具有良好的内部一致性信度，保留剩余的19个题项。

（2）效度检验

在信度检验之后，我们将通过内容效度和结构效度对量表进行效度检验，以揭示题项能够测量出所属变量的程度。

① 内容效度。

内容效度主要是将这些借鉴于西方学者的测量题项翻译成中文，再将这些中文题项回译成英文，并看这些英文题项与原本的英文题项是否表达相同的意思。当然，中英文的翻译最好找相关研究人员或专业研究人员来完成。如果回译后的英文题项与原题项的意思相同，我们再将所有题项在专家小组中进行讨论，专家小组由营销学的教授和博士、智能手机行业从业人员以及普通消费者构成，如果专家小组认为这些题项能够很好地测量相应的变量，就说明整个测量量表有较好的内容效度。

② 结构效度。

我们将品牌体验的五个维度和自我概念一致性、品牌态度、主观规范、感知行为控制、购买意愿五个概念的所有题项汇总，运用探索性因子分析，对修正后的量表进行结构效度检验，如表3-12所示。

表3-12 探索性因子分析

变量	题项	因子									
		1	2	3	4	5	6	7	8	9	10
CE	CE1									0.607	
	CE2									0.785	
	CE3									0.672	

变量	题项	因子									
		1	2	3	4	5	6	7	8	9	10
CE	CE4									0.561	
PE	PE1							0.642			
	PE2							0.715			
	PE3							0.508			
	PE4							0.633			
BE	BE1								0.603		
	BE2								0.571		
	BE3								0.807		
	BE4								0.709		
AE	AE1										0.820
	AE2										0.832
	AE3										0.545
RE	RE1						0.826				
	RE2						0.815				
	RE3						0.841				
	RE4						0.858				
SC	SC1		0.799								
	SC2		0.900								
	SC3		0.789								
	SC4		0.860								
BA	BA1	0.841									
	BA2	0.833									
	BA3	0.901									

续表

变量	题项	因子									
		1	2	3	4	5	6	7	8	9	10
BA	BA4	0.750									
	BA5	0.750									
SN	SN1			0.599							
	SN2			0.849							
	SN3			0.889							
	SN4			0.787							
PBC	PBC1				0.698						
	PBC2				0.744						
	PBC3				0.808						
PI	PI1					0.585					
	PI2					0.729					
	PI3					0.802					

由表 3-12 可知，探索性因子分析截取出了十个特征值大于 1 的因子，KMO 值为 0.810，符合大于 0.5 的标准；所有题项都聚集在其所属的因子下，且都大于 0.5，没有出现因子负载过小或者夸因子负载的情况。说明量表具有较好的结构效度。

通过预调研对量表进行信度和效度检验，删除了多余题项，修正后的量表加上第 2 章开发的品牌体验量表，组成新的问卷，再辅之以人口统计变量，形成最终的正式问卷。正式问卷共分三个部分：第一部分是品牌体验的五个维度，包括认知体验、产品体验、传播体验、情感体验和关联体验；第二部分是 TPB 理论和自我概念一致性的测量，包括自我概念一致性、品牌态度、主观规范、感知行为控制和购买意愿；第三部分是人口统计变量，包括性别、年龄、收入情况等。问卷采用 Likert 五级量表。

3.4 实证检验与讨论

本节通过正式调研，收集了大规模调研的数据，通过各题项的均值和标准差以及人口统计变量来描述样本的情况；然后对研究中所涉及的所有变量进行信度和效度检验，为接下来的模型验证打下基础；最终对研究模型采用相关分析、回归分析及结构方程分析等方法进行检验，对模型的各个路径以及整体做检验和评价。

3.4.1 样本概况

本节所采用的大规模调研样本源自第2章的正式调研数据。关于样本的收集方法和样本情况描述便不再赘述。为了后续的实证检验方便，本研究将所有变量的测量题项合并为子指标，具体方法是将原本的题项取平均并且合成一个指标，这是很多学者在进行实证检验时的常用做法[157-159]，旨在将所有变量的测量由原先的若干题项统一成两个子指标，提升测量的可靠性、稳定性和准确性。所有变量的测量题项的均值与标准差整理如表3-13所示，经过题项合并后，各子指标的均值与标准差如表3-14所示。所有题项和子指标的标准差都符合大于0.5的相关要求。

表3-13 **样本数据的基本描述**

题项	均值	标准差	题项	均值	标准差
CE1	4.58	0.64	SC1	3.41	0.99
CE2	4.60	0.78	SC2	3.56	0.99
CE3	4.46	0.87	SC3	3.42	0.96
CE4	4.37	0.81	SC4	3.55	0.97
PE1	4.34	0.77	SN1	4.17	0.79
PE2	4.31	0.79	SN2	4.14	0.80
PE3	4.12	0.87	SN3	4.25	0.71
PE4	3.78	0.96	SN4	4.16	0.75

续表

题项	均值	标准差	题项	均值	标准差
BE1	2.89	1.31	BA1	4.13	0.77
BE2	3.47	1.11	BA2	3.92	0.93
BE3	3.07	0.98	BA3	3.80	0.93
BE4	2.95	1.17	BA4	3.79	0.90
AE1	4.18	0.81	BA5	3.66	0.92
AE2	4.08	0.86	PBC1	3.91	0.92
AE3	3.70	1.10	PBC2	3.94	0.94
RE1	3.20	1.10	PBC3	3.69	1.07
RE2	3.39	1.11	PI1	3.91	0.94
RE3	2.92	1.24	PI2	3.94	0.82
RE4	3.20	1.26	PI3	4.09	0.79

表3-14 　　　　　　　　　　　　　子指标数据的基本描述

子指标	合成前原题项	均值	标准差	子指标	合成前原题项	均值	标准差
ECE1	CE1、CE2	4.59	0.59	ESC1	SC1	3.41	0.99
ECE2	CE3、CE4	4.41	0.70	ESC2	SC2、SC3、SC4	3.51	0.88
EPE1	PE1、PE2	4.32	0.69	ESN1	SN1	4.16	0.73
EPE2	PE3、PE4	3.95	0.74	ESN2	SN2、SN3、SN4	4.18	0.65
EBE1	BE1、BE2	3.18	1.05	EBA1	BA1、BA2	3.92	0.93
EBE2	BE3、BE4	0.01	0.95	EBA2	BA3、BA4、BA5	3.75	0.83
EAE1	AE1、AE2	4.13	0.78	EPBC1	PBC1、PBC3	3.80	0.87
EAE2	AE3	3.70	1.10	EPBC2	PBC2	3.94	0.94
ERE1	RE1、RE2	3.29	1.02	EPI1	PI1	3.91	0.94
ERE2	RE3、RE4	3.06	1.18	EPI2	PI2、PI3	4.02	0.72

3.4.2 信度与效度检验

在对模型检验之前，应该先检验所有变量的信度和效度，虽然在之前的预调研和量表开发时已经进行过信度和效度检验，但是如今的样本量和变量数量都发生了变动，因此有必要对所有变量的信度和效度进行重新检验，以确保后续验证的可靠性和准确性。本节将检验内部一致性信度、区别效度和收敛效度。

（1）内部一致性信度检验

与之前的信度检验相似，我们通过 CITC 值和克隆巴赫系数两个指标来衡量内部一致性信度。通过计算，检验的结果如表 3-15 所示。

表3-15 内部一致性信度结果

变量	题项	CITC 值	删除题项后系数	克隆巴赫系数
CE	CE-1	0.6307	0.8109	0.8774
	CE-2	0.6392	0.7991	
	CE-3	0.6618	0.7861	
	CE-4	0.6593	0.7855	
PE	PE-1	0.6586	0.7435	0.8301
	PE-2	0.6840	0.7251	
	PE-3	0.5928	0.7861	
	PE-4	0.5544	0.8225	
BE	BE-1	0.7401	0.8374	0.9657
	BE-2	0.6647	0.8793	
	BE-3	0.8228	0.7997	
	BE-4	0.6256	0.9033	
AE	AE-1	0.8320	0.8300	0.8799
	AE-2	0.8836	0.7619	
	AE-3	0.6771	0.9334	

变量	题项	CITC值	删除题项后系数	克隆巴赫系数
RE	RE-1	0.7336	0.8656	0.9287
	RE-2	0.7403	0.8631	
	RE-3	0.8028	0.8385	
	RE-4	0.7548	0.8584	
SC	SC-1	0.7467	0.8791	0.8985
	SC-2	0.8134	0.8542	
	SC-3	0.7542	0.8761	
	SC-4	0.7816	0.8662	
BA	BA-1	0.7186	0.8615	0.8852
	BA-2	0.7195	0.8615	
	BA-3	0.7854	0.8472	
	BA-4	0.7070	0.8640	
	BA-5	0.6896	0.8681	
SN	SN-1	0.5790	0.8638	0.8665
	SN-2	0.7875	0.8000	
	SN-3	0.7972	0.7970	
	SN-4	0.7138	0.8307	
PBC	PBC-1	0.5999	0.6624	0.7567
	PBC-2	0.5703	0.6925	
	PBC-3	0.5968	0.6679	
PI	PI-1	0.5460	0.7164	0.7442
	PI-2	0.6645	0.5515	
	PI-3	0.5683	0.6652	

由表3-15可知，所有题项的CITC值都在0.5460至0.8836之间，符合大于0.5的相关要求，说明每个题项与其所属变量的相关性较高；所有变量的克隆巴赫系数都在0.7442至0.9657之间，符合大于0.7的相关要求，删除任何一个题项后，其相应的克隆巴赫系数都会减小，因此保留所有题项。

（2）探索性因子分析

探索性因子分析主要有两个作用：第一，验证研究模型所涉及的十个变量都具有单维度性，因为只有确保所有变量都是单维度且不可再分，后续对各个变量的测量才有意义[160]；第二，验证各变量之间的区别效度，这主要依靠各题项的因子负载系数的大小和分布情况来判断。首先我们来看各个变量的单维度性检验，如表3-16所示。

表3-16　　　　　　　　　　单维度检验

变量	因子数	累计解释百分比	KMO值
CE	1	70.05%	0.750
PE	1	78.86%	0.794
BE	1	75.12%	0.728
AE	1	79.24%	0.737
RE	1	75.13%	0.796
SC	1	76.68%	0.788
BA	1	68.76%	0.830
SN	1	71.82%	0.811
PBC	1	67.48%	0.714
PI	1	66.96%	0.748

由表3-16可知,我们将各变量的题项分别进行因子分析,所有变量的下属题项都汇聚成一个因子,而且累计解释百分比都在66.96%至79.24%之间,符合大于60%的相关要求;KMO值都在0.714至0.830之间,符合大于0.5的相关要求。因此,研究模型涉及的十个变量都具有较好的单维度性。

在区别效度的检验中,可以一次性将所有题项都放入,进行整体的探索性因子分析,也可以将变量分组,再分别进行探索性因子分析,以避免变量数量太多而造成的不便[161]。本研究为了更好地保证验证的准确性,决定将所有题项一次性放入探索性因子分析,采用主成分分析法的原理进行分析,分析结果如表3-17所示。

表3-17 探索性因子分析结果

变量	题项	因子									
		1	2	3	4	5	6	7	8	9	10
CE	CE1							0.51			
	CE2							0.83			
	CE3							0.58			
	CE4							0.59			
PE	PE1								0.63		
	PE2								0.77		
	PE3								0.55		
	PE4								0.57		
BE	BE1					0.61					
	BE2					0.62					
	BE3					0.79					
	BE4					0.63					
AE	AE1					0.56					
	AE2					0.53					
	AE3					0.6					
RE	RE1									0.68	
	RE2									0.73	
	RE3									0.74	
	RE4									0.78	
SC	SC1	0.74									

变量	题项	因子									
		1	2	3	4	5	6	7	8	9	10
SC	SC2	0.77									
	SC3	0.76									
	SC4	0.77									
BA	BA1		0.79								
	BA2		0.77								
	BA3		0.79								
	BA4		0.7								
	BA5		0.7								
SN	SN1			0.69							
	SN2			0.8							
	SN3			0.82							
	SN4			0.74							
PBC	PBC1										0.69
	PBC2										0.75
	PBC3										0.71
PI	PI1				0.55						
	PI2				0.81						
	PI3				0.83						

由表 3-17 可知,共产生十个因子,所有题项经过探索性因子分析后都负载在其所属变量下的因子,且因子负载都在 0.51 至 0.83 之间,符合大于 0.5 的相关要求,与之前设计的变量情况相符合;KMO 值为 0.893,符合大于 0.5 的相关要求,说明数据的因子分析效果较好;累计解释百分比为 75.854%,符合大于 60% 的相关要求;所有题项在非相关因子上的负载都小于 0.5,因此表中没有显示,也没有交叉负载的情况,因此本研究的各个变量之间的区别效度比较显著,没有题项被删除。

(3)验证性因子分析

我们已经通过探索性因子分析初步证明了本研究中各个变量之间的区别效度和收敛效度,本节将通过验证性因子分析进一步对收敛效度和区别效度进行验证。我们已经将所有变量的下属若干题项合成两个子指标,并以此来更准确地衡量所有变量。验证性因子分析就是借助这些子指标和极大似然估计原理来验证的，如图3-2所示。

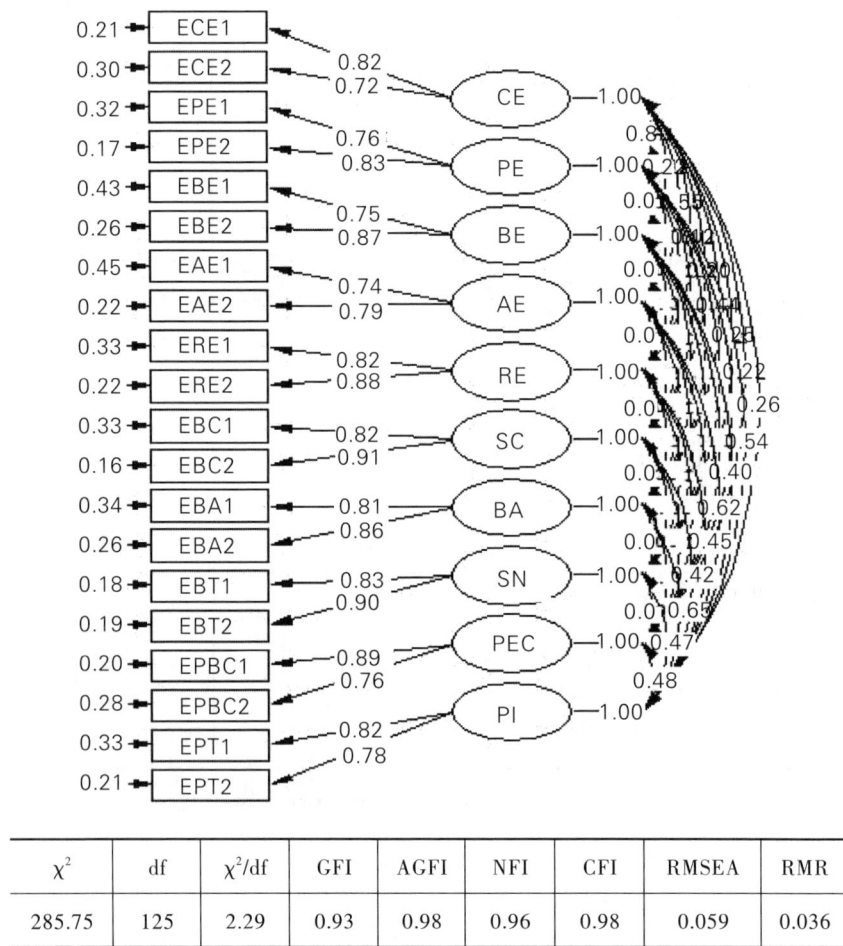

χ^2	df	χ^2/df	GFI	AGFI	NFI	CFI	RMSEA	RMR
285.75	125	2.29	0.93	0.98	0.96	0.98	0.059	0.036

图3-2　验证性因子分析结果

由图3-2可知，验证结果中的卡方值是285.75，自由度是125，两者的比值是2.29，符合大于2且小于5的相关要求；拟合系数GFI、AGFI、CFI、NFI分别为0.93、0.98、0.98、0.96，符合大于0.9的相关要求；RMR和RMSEA分别为0.036和0.059，分别符合小于0.05和小于0.08的相关要求[162-163]。因此，说明验证性因子分析的数据与模型的拟合效果较好。

验证性因子分析的结果可以通过计算平均方差提取量（AVE值）

来衡量各变量的收敛效度，同时各子指标的标准化负载也要达到相应的标准要求。具体情况如表3-18所示。

表3-18　　　　　　　　收敛效度分析

变量	子指标	标准化负载	AVE值	误差项	组成信度
CE	ECE1	0.82	0.91	0.21	0.96
	ECE2	0.72		0.30	
PE	EPE1	0.76	0.94	0.32	0.97
	EPE2	0.83		0.17	
BE	EBE1	0.75	0.94	0.43	0.97
	EBE2	0.87		0.26	
AE	EAE1	0.74	0.91	0.45	0.95
	EAE2	0.79		0.22	
RE	ERE1	0.82	0.97	0.33	0.98
	ERE2	0.88		0.22	
SC	ESC1	0.82	0.97	0.33	0.99
	ESC2	0.91		0.16	
BA	EBA1	0.81	0.96	0.34	0.98
	EBA2	0.86		0.26	
SN	ESN1	0.83	0.97	0.18	0.99
	ESN2	0.90		0.19	
PBC	EPBC1	0.89	0.95	0.20	0.98
	EPBC2	0.76		0.28	
PI	EPI1	0.82	0.94	0.33	0.97
	EPI2	0.78		0.21	

由表3-18可知，所有子指标在其所属变量上的标准化因子负载系数都在0.72至0.91之间，符合大于0.7的相关要求，且都在P<0.001条

件下具有统计显著性；经过计算，所有变量的 AVE 值都在 0.91 至 0.97 之间，符合大于 0.5 的相关要求。因此，本研究涉及的十个变量都具有良好的收敛效度。

值得一提的是，所有变量的组成信度都在 0.95 至 0.99 之间，符合大于 0.7 的相关要求，进一步说明合并后的子指标具有良好的内部一致性信度[91, 164]。

验证性因子分析的结果也可以验证区别效度，即将各变量的平均方差提取量（AVE 值）的平方根与各变量之间的相关系数作比较，如果各变量的 AVE 值的平方根大于各变量之间的相关系数，就证明各变量之间具有较好的区别效度，具体情况如表 3-19 所示。

表3-19 区别效度分析结果

变量	CE	PE	BE	AE	RE	SC	BA	SN	PBC	PI
CE	0.954									
PE	0.81	0.970								
BE	0.22	0.46	0.970							
AE	0.53	0.76	0.64	0.954						
RE	0.02	0.18	0.64	0.53	0.985					
SC	0.20	0.35	0.57	0.64	0.76	0.985				
BA	0.44	0.62	0.49	0.80	0.36	0.56	0.980			
SN	0.29	0.55	0.51	0.49	0.40	0.45	0.56	0.985		
PBC	0.22	0.49	0.52	0.52	0.37	0.41	0.51	0.60	0.975	
PI	0.29	0.54	0.40	0.62	0.45	0.42	0.65	0.47	0.48	0.970

由表 3-19 可知，对角线上的数字是各变量 AVE 值的平方根，其他数字是各变量之间的相关系数。很显然，各变量的 AVE 值的平方根大于各变量间的相关系数的绝对值，进一步验证了各变量之间良好的区别效度。

3.4.3 模型分析

（1）相关分析

相关分析是对研究模型的初步分析与检验，旨在依据提出的假设将变量两两一组，探寻每组两个变量的相关程度。如果两个变量之间的相关程度很高，并且具有统计显著性，就说明有必要对研究模型进行进一步的分析与检验，否则，研究模型不成立，检验结束。分析结果如表3-20所示。

表3-20　　　　　　　　基于相关分析的假设检验

假设	相关变量	相关系数	T值
H1a	CE←→SC	0.62	25.13
H1b	PE←→SC	0.31	8.75
H1c	BE←→SC	0.73	36.87
H2a	CE←→BA	0.64	26.66
H2b	PE←→BA	0.58	17.94
H2c	BE←→BA	0.70	32.68
H2d	AE←→BA	0.69	30.45
H2e	RE←→BA	0.71	34.81
H3a	BE←→SN	0.66	26.54
H3b	RE←→SN	0.61	21.90
H4a	PE←→PBC	0.29	6.18
H4b	BE←→PBC	0.52	13.27
H5	SC←→PI	0.58	16.84
H6	BA←→PI	0.78	39.72
H7	SN←→PI	0.67	28.03
H8	PBC←→PI	0.72	36.24

由表3-20可知，依据提出的假设而两两一组的变量之间在统计上具有显著相关性（T值＞2），所有假设被初步验证。由于相关分析只适用于两个单一变量间的分析，因此要想证明多个变量之间的关系仍然具有统计显著性，需要通过回归分析的方法来验证。

（2）回归分析

本研究的理论模型是品牌体验的五个维度基于计划行为理论，通过自我概念一致性、品牌态度、主观规范和感知行为控制四个变量间接影响购买意愿，即自我概念一致性等四个变量是品牌体验五个维度与购买意愿之间的中间变量。本研究借鉴巴隆（Baron）和肯尼（Kenney）等学者推荐的方法，分四个步骤分别进行回归分析，实现各变量之间的因果关系的检验。

① 自变量与因变量的回归分析。

若分析结果具有统计显著性，则继续第二步；若不具有统计显著性，则停止。由表3-21可知，自变量对因变量的影响显著，检验继续。

表3-21   第一次回归分析

自变量	因变量	Beta	T值	Sig.	R^2
CE	PI	0.281**	6.17	0.000	0.608
PE		0.083**	2.63	0.001	
BE		0.609**	10.52	0.000	
AE		0.196**	5.34	0.000	
RE		0.314**	6.48	0.000	

② 自变量与中间变量的回归分析。

若分析结果具有统计显著性，则继续第三步；若不具有统计显著性，则停止。由表3-22可知，自变量对中间变量的影响显著，则检验继续。

表3-22 第二次回归分析

自变量	中间变量	Beta	T值	Sig.	R^2
CE		0.337**	7.82	0.000	
PE		0.081**	2.17	0.008	
BE	SC	0.352**	7.98	0.000	0.566
AE		0.274**	6.85	0.000	
RE		0.246**	5.86	0.000	
CE		0.347**	7.24	0.000	
PE		0.235**	5.42	0.000	
BE	BA	0.561**	9.17	0.000	0.583
AE		0.263**	6.40	0.000	
RE		0.294**	6.82	0.000	
CE		0.319**	6.58	0.000	
PE		0.147**	3.22	0.002	
BE	SN	0.408**	7.36	0.000	0.537
AE		0.262**	5.60	0.000	
RE		0.359**	6.93	0.000	
CE		0.226**	4.73	0.001	
PE		0.097**	3.04	0.007	
BE	PBC	0.332**	6.48	0.000	0.526
AE		0.231**	4.76	0.001	
RE		0.188**	5.25	0.000	

③ 中间变量与因变量的回归分析。

若分析结果具有统计显著性，则继续第四步；若不具有统计显著性，则停止。由表3-23可知，中间变量对因变量的影响显著，则检验继续。

表3-23   第三次回归分析

中间变量	因变量	Beta	T值	Sig.	R²
SC		0.584**	8.73	0.000	
BA	PI	0.228**	5.12	0.000	0.627
SN		0.895**	13.77	0.000	
PBC		0.431**	7.64	0.000	

④ 自变量、中间变量与因变量的回归分析。

若五个自变量对因变量的影响在统计上不显著，而四个中间变量对因变量的影响在统计上显著，则说明这四个中间变量是品牌体验对购买意愿影响的完全中间变量；否则，品牌体验的维度还有别的路径影响购买意愿。由表3-24可知，品牌体验的五个维度对购买意愿的影响完全依靠这四个中间变量来形成。

表3-24   第四次回归分析

自变量和中间变量	因变量	Beta	T值	Sig.	R²
CE		0.048	1.24	0.187	
PE		0.021	0.97	0.326	
BE		0.064	1.32	0.164	
AE		0.073	1.38	0.158	
RE	PI	0.037	1.06	0.273	0.648
SC		0.562**	7.59	0.000	
BA		0.347**	5.92	0.000	
SN		0.614**	10.33	0.000	
PBC		0.396**	6.27	0.000	

综上所述，我们通过回归分析的方法对所有假设进行了因果关系的检验，结果显示，所有假设得到支持，且与研究设计的假设方向相同。

回归分析进一步验证了品牌体验的五个维度完全通过自我概念一致性、品牌态度、主观规范和感知行为控制四个变量而间接影响购买意愿。但是，回归分析只适用于"多对一"的模型检验，无法处理"多对多"的变量关系以及影响程度的检验，因此，需要借助结构方程模型分析的方法对本研究提出的模型进行最终检验。

（3）结构方程模型分析

由于本研究提出的理论模型是基于计划行为理论的完善和拓展，因此，在结构方程模型分析中，将首先对计划行为理论模型的完善和拓展进行验证，证明本研究新加入的"自我概念一致性"这一变量可以完善和提升原模型的预测能力。之后再对整个模型进行结构方程模型分析，分析路径系数的显著性及模型整体的拟合度。

① 研究模型的计划行为理论拓展部分的分析。

本研究采用嵌套模型的原理来验证拓展后的 TPB 模型具有更好的预测能力和拟合效果。首先我们将自我概念一致性（SC）这一变量加入传统的 TPB 模型中进行结构方程模型分析，如图 3-3 所示。

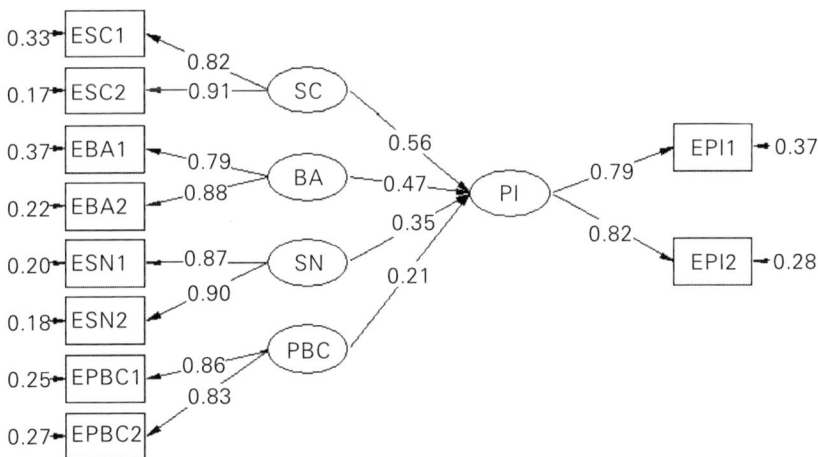

图 3-3　新的计划行为理论模型（模型一）

然后，将自我概念一致性（SC）与购买意愿（PI）之间的路径系数限定为零，即还原传统的 TPB 模型，如图 3-4 所示。

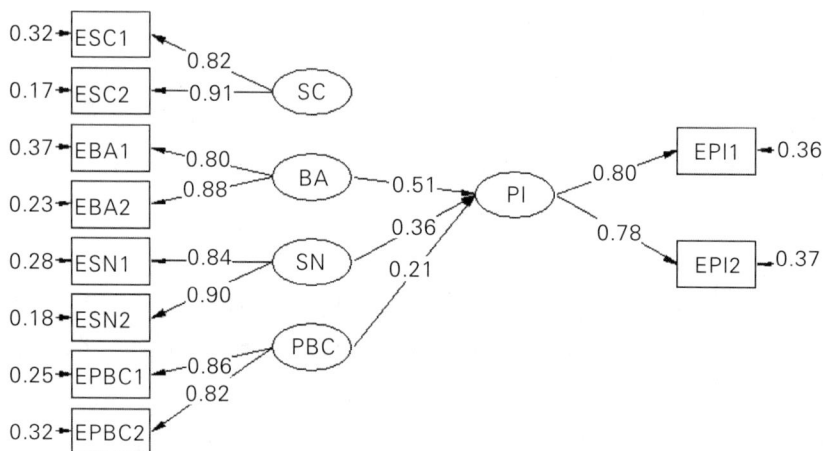

图3-4 传统的计划行为理论模型（模型二）

　　两个模型在分析之后的结果如表3-25、表3-26所示。由表3-25可知，加入自我概念一致性这一变量之后，虽然态度对行为意愿的影响略有降低，而主观规范和感知行为控制变化不大，但是模型整体的预测能力由0.82上升到了0.87，提升了5%，说明新的TPB模型具有更好的预测能力。由表3-25可知，新TPB模型几乎在所有参数都领先于传统TPB模型，尤其是χ^2/df、RMR、RMSEA三项关键性指标，虽然两个模型的指标都在可接受的范围内，但是很显然，传统TPB模型的这三项指标都接近可接受范围的临界点，所以新的TPB模型具有更好的拟合效果。综合以上两点，本研究认为在传统TPB模型中加入自我概念一致性这一概念，可以有效地提升模型整体的预测能力和数据拟合度。

表3-25　　　　　　　　　　　　　　　　路径系数对比结果

影响路径	模型一 （新TPB模型）		模型二 （传统的TPB模型）	
	路径系数	T值	路径系数	T值
态度→行为意愿	0.47	5.32	0.51	6.45
主观规范→行为意愿	0.35	2.59	0.36	2.34
感知行为控制→行为意愿	0.21	2.42	0.21	2.21
自我概念一致性→行为意愿	0.56	8.03	0	
R^2	0.87		0.82	

表3-26   指标对比结果

指标	模型一（新TPB模型）	模型二（传统TPB模型）
χ^2	69.16	117.94
df	25	26
χ^2/df	2.77	4.54
P 值	0.000	0.000
NFI	0.97	0.95
CFI	0.98	0.96
IFI	0.98	0.96
RFI	0.94	0.92
AGFI	0.92	0.92
GFI	0.96	0.93
RMR	0.024	0.045
RMSEA	0.047	0.068
比较结果	好	差

②研究模型的整体分析。

本研究将利用Lisrel9.3等软件对数据进行处理，把理论模型转化为结构方程模型，进而检验假设关系，具体情况如图3-5所示。

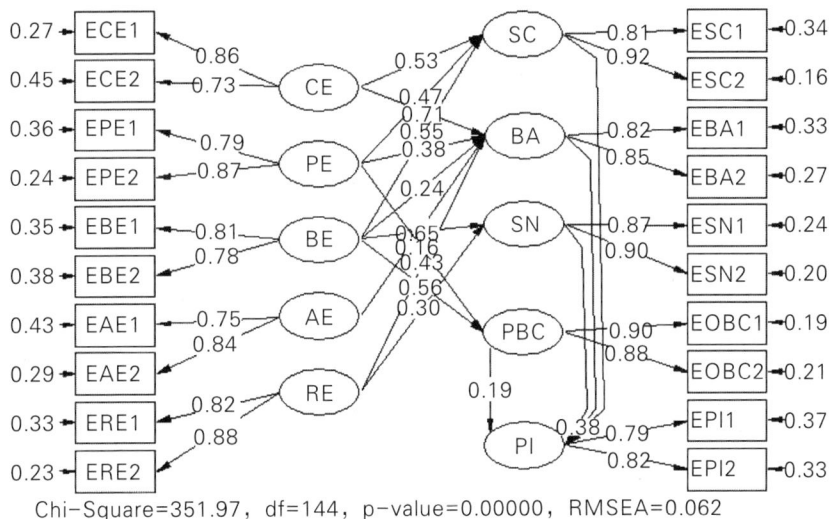

Chi-Square=351.97，df=144，p-value=0.00000，RMSEA=0.062

χ^2	df	χ^2/df	GFI	AGFI	NFI	CFI	RMSEA	RMR
351.97	144	2.44	0.96	0.97	0.95	0.97	0.062	0.042

图3-5 结构方程分析结果

由图 3-5 可知，卡方值为 351.97，自由度为 144，两者的比值为 2.44，符合卡迈斯等学者建议的相关要求[165]；拟合系数 NFI、CFI、GFI、AGFI 分别为 0.95、0.97、0.96、0.97，符合大于 0.9 的相关要求；RMSEA 和 RMR 分别为 0.062 和 0.042，分别满足小于 0.08 和 0.05 的相关要求。因此，整个模型的数据拟合效果较好，理论模型被接受。

③ 竞争模型对比分析。

为了更好地说明本研究提出的模型的合理性，本研究将其与另外两个竞争模型进行对比分析，如图 3-6 所示。

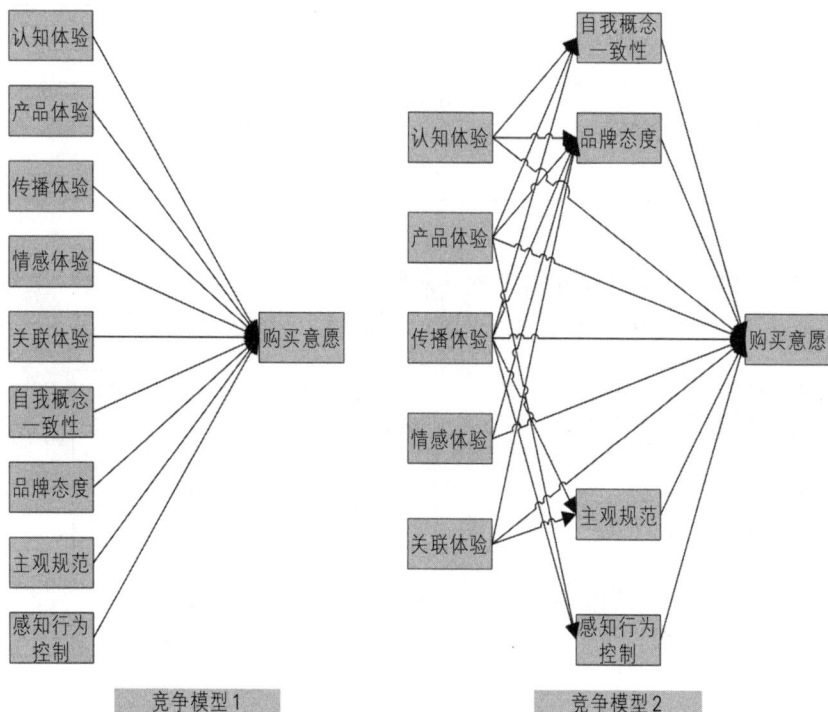

图 3-6　竞争模型

竞争模型 1 是将购买意愿看作唯一的因变量，其他所有变量是互相独立的自变量；竞争模型 2 是品牌体验的五个维度既通过中间变量影响购买意愿，又可以直接影响购买意愿。通过 Lisrel9.3 对三个模型进行结构方程分析，分析结果如表 3-27 所示。

表3-27 拟合系数对比

指标	本研究模型	竞争模型1	竞争模型2
R^2	0.86	0.72	0.74
χ^2	351.97	426.37	418.96
df	144	163	163
χ^2/df	2.44	2.61	2.57
NFI	0.95	0.92	0.92
CFI	0.97	0.90	0.93
GFI	0.96	0.87	0.91
AGFI	0.97	0.83	0.88
RMR	0.042	0.056	0.054
RMSEA	0.062	0.078	0.076
比较结果	好	差	中

由表3-27可知，本研究提出的模型的各个拟合系数指标都明显优于两个竞争模型，模型整体的预测能力（R^2）也明显高于两个竞争模型，因此本研究模型的数据拟合效果最好，模型整体的预测能力也最强，比另外两个竞争模型更加合理。

3.4.4 假设检验

本研究将依据各影响路径的显著性检验所有理论假设成立与否，检验结果如表3-28所示。

表3-28 假设检验结果

假设	变量关系	路径系数	T值	检验结果
H1a	CE→SC	0.53	2.11	是
H1b	PE→SC	0.67	0.65	否
H1c	BE→SC	0.55	3.93	是
H2a	CE→BA	0.71	2.22	是

续表

假设	变量关系	路径系数	T值	检验结果
H2b	PE→BA	0.38	2.13	是
H2c	BE→BA	0.24	3.84	是
H2d	AE→BA	0.47	5.28	是
H2e	RE→BA	0.43	4.62	是
H3a	BE→SN	0.59	6.74	是
H3b	RE→SN	0.30	2.50	是
H4a	PE→PBC	0.16	1.01	否
H4b	BE→PBC	0.56	7.29	是
H5	SC→PI	0.38	4.11	是
H6	BA→PI	0.47	5.52	是
H7	SN→PI	0.24	3.53	是
H8	PBC→PI	0.19	2.48	是

由表3-28可知，本研究提出的大部分假设都得到了支持，只有两个假设（产品体验对自我概念一致性和感知行为控制的影响）没有通过检验。在品牌体验五个维度与四个中间变量的影响关系中，传播体验对自我概念一致性、主观规范和感知行为控制的影响最大，路径系数分别达到了0.55、0.59和0.56，而认知体验对品牌态度的影响最大，路径系数为0.71。在中间变量与最终因变量的影响关系中，品牌态度对购买意愿的影响最大，路径系数为0.47，其次是自我概念一致性，路径系数为0.38。品牌体验的内部、外部体验相比，外部体验影响的中间变量更多，影响购买意愿的路径更多，影响的程度也更大。

3.5 本章小结

本章首先回顾和整理了社会心理学、营销学和消费者行为学等领域的经典理论，对理性行为理论和计划行为理论的来源、内容、应用以及局限性都进行了论述和总结，并对计划行为理论的演变和拓展进行了介绍和论述；然后对本研究涉及的所有概念进行了界定，给出了各个概念在本研究中的操作性定义，并基于前人的研究，推导出本研究的理论假设和模型；接着在研究设计中汇总和筛选出了所有概念的相关测量题项，并结合本研究的行业背景与特征，形成了智能手机行业的品牌体验对购买意愿影响的测量量表，进行了较大规模的市场抽样调研；最后将收集的数据进行检验，对本研究提出的理论模型和假设进行了实证检验和分析，分析结果显示，提出的十六项假设中，有十四项得到了支持，只有两项未予通过，通过结构方程模型分析，得到了各变量之间的影响关系的大小和路径，为该领域的理论创新与实践指导提供了可靠的参考依据。

4　涉入度对品牌体验与购买意愿之间关系的调节作用

　　本研究已经证实在智能手机行业品牌体验可以通过自我概念一致性、品牌态度、主观规范和感知行为控制等变量间接影响消费者的购买意愿。从消费者的角度出发，不同消费者对品牌的了解和关注程度有所差异，即品牌涉入度不同，这种不同会导致品牌体验的差异，进而产生对消费者购买意愿的不同影响。本章将从消费者的角度对品牌涉入度进行综述，并以此为标准，对消费群体进行划分；根据高、低涉入者消费群体的特征差异，基于第3章的理论模型提出调节关系假设；对不同涉入度的群体样本进行信度和效度检验后，对比不同涉入度消费群体的理论模型，以及各样本组之间的影响路径差异和显著性，检验涉入度的调节作用影响。

4.1　涉入度的研究综述

4.1.1　涉入度的概念

"涉入度"一词最早源于谢里夫（Sherif）和坎特利尔（Cantril）早在1947年所提出的"自我涉入"的概念[166]，用来预测个体在社会角色、立场或处境的影响下对各观点的态度。1965年，学者库克曼（Krugman）第一次将涉入度这一概念引入市场营销的研究[167]，并以涉入度的高低为标准，把电视广告归入"低涉入度"的范畴。随后，越来越多的学者开始关注和研究涉入度这一概念，并形成了较为成熟的概念体系。

学者米塔尔（Mittal，1989）[168]和扎伊奇科夫斯基（Zaichkowsky，1985）[93]提出，涉入度应该是通过产品与个体的紧密程度而引起消费者的心理倾向和实际行为。一切从主观感受出发，当个体受到刺激就会产生一系列的心理活动，而这些心理活动正迎合了某些心理需求。因此，这类观点对涉入度的定义是消费者基于自身需求、偏好、兴趣以及价值观等因素而对外界事物产生的与其相关程度的认知。学者拉斯托维茨卡（Lastovicka）和加德纳（Gardner）在1978年提出[169]，涉入度主要包括顾客价值和忠诚度。学者科恩（Cohen，1983）指出[170]，涉入度是消费者心理活动的一种。学者安德鲁斯（Andrews）和阿赫特（Akhter）在1990年提出涉入度是一种内在受到刺激的状态[171]。这些学者的观点都强调涉入度是一种个体内在属性，在强度和大小等方面有所差异。另外，索罗门（Solomon，2004）和基姆（Kim，2005）等学者认为涉入度是内在的、连续的和变化的。学者库克曼指出，涉入度是广告信息与消费者的生活联系的紧密程度，强调消费者对外界信息的处理方式和过程。

在对涉入度的概念界定研究中，很多学者都从不同的角度进行了定义，虽然观点不尽相同，但是也达成了某些共识，比如，多数学者认为涉入度是由外界刺激引起的，整个过程是一个内在的信息处理的心理过程，最终表现是这些信息与内在需求的联系紧密程度，进而产生消费者对产品、服务或品牌的偏好、关注和参与程度。在本研究中，涉入度是消费者主观上为了关注、了解和购买各个智能手机的品牌而所付出的努力总和。

4.1.2　涉入度的分类

很多学者基于涉入度的概念界定研究，开始讨论涉入度的内部结构与分类。目前较为认可的分类主要有两种。第一种是将涉入度分为广告涉入、产品涉入和购买决策涉入[172]。广告涉入是指广告所传递的信息被消费者认可和接受的程度[173]，产品涉入是由产品与消费者内在需求的紧密程度而形成的心理偏好与行为动因[174]，购买决策涉入与产品涉入相似，都是从消费者感知的角度来定义，是在购买决策过程中所付出的成本和努力[175]。第二种分类是将涉入度分为情境涉入、持久涉入和反应涉入[176]。情境涉入是指消费者处于特定环境下，在选择或购买产品时对产品的关注，并受到情境风险的影响，持久涉入是指消费者对某产品、服务或品牌等事物的长时间关注，反应涉入是情境涉入与持久涉入的综合状态，消费者处于特定的情境时，很难由于单一因素的影响而选择和决策，因此反应涉入是指情境涉入和持久涉入综合作用和解释复杂的决策问题。

上述针对涉入度的两种主要分类是以个体消费者为对象，以此为基础，学者戴尔（Dyer）和辛格（Singh）在1998年提出了以消费群体或组织为对象的涉入度[177]。他们认为群体之间的良好互动与联系有利于增强群体整体的竞争力。而学者加德（Gadder）和斯涅霍塔（Snehota）在2000年提出关系涉入度可以用来测量各群体之间的亲密程度，并将协调互动和资源共享等指标作为测量标准。还有很多学者对涉入度的内部结构进行了划分，如表4-1所示。本研究将消费者对智能手机品牌的涉入度作为单一变量处理，其内部包括对品牌的兴趣、信息搜索、广告关注、相关话题的讨论与参与程度等。

表4-1	涉入度的维度研究
学者	涉入度的维度
洛朗和普费雷（Laurent&Kapferer，1993）[178]	产品重要性、风险重要性、风险可能性、产品愉悦性、产品象征性
凯尔和奇克（Kyle&Chick，2002）[179]	吸引力、自我表现、中心性
江宁和陈建明（2006）[180]	重要性、娱乐性、符号性、风险概率、风险后果
钟志平和王秀娟（2009）[181]	享乐价值、感知重要性、符号价值、感知风险可能性、感知风险重要性
吴小旭（2010）	重要性、愉悦价值、象征意义
李桦（2010）	吸引力、自我表现、中心性、价值表现

4.1.3　不同涉入度消费者的行为差异

　　库克曼等学者根据产品的涉入程度与使用过程差异，将消费者分为高涉入者与低涉入者，证实不同涉入度的消费者，其决策过程和行为结果都有所差异。总体来说，高涉入者的决策过程较为复杂，受外界影响较小，做出最终决策前会有较详细的评估，而低涉入者的决策过程相对简单，较容易形成选择和购买等行为结果，多数是在行为结果发生之后作出评估和判断，较容易受到外界的影响，如表4-2所示。

表4-2	高低涉入者的差异对比	
行为项目	高涉入者	低涉入者
信息搜集	积极主动地通过各种方式和渠道搜集到全面的信息	不会特别积极，搜集到有限的相关信息
差异认知	有自己的想法和主见，不能轻易认同与自身观点不同的信息	较轻易地接受与自身观点不同的信息，不去做深入的判断和评估

行为项目	高涉入者	低涉入者
决策过程	对所有信息进行详细分析处理，决策过程较复杂，在购买之前评估行为结果	决策过程较简单，容易不加分析而盲目发生行为
品牌态度	有品牌偏好，且不易改变，忠诚度较高	品牌偏好不强，可能轻易、多次改变原本的态度，忠诚度较低
广告影响	容易被广告吸引，对内容信息较关注，广告重复次数越多越有效	对广告的形式和内容关注较低

很多学者已经开始研究涉入度对消费者行为的影响作用，佩蒂（Petty）和卡乔波（Cacioppo）指出[182]，消费者对产品产生自我形象投射时，即会形成产品涉入。高涉入者的表现是追求最大心理满足，主动搜集信息，并评估各种方案，频繁对比各产品的差异，重视相关群体的意见，通过搜集、了解、分析和选择等处理过程，整理和完善对产品的认知。而低涉入者的表现则有很大不同，佩蒂（1983）提出了 ELM（Elaboration Likehood Model）模式[183]，很好地解释了不同涉入度的消费者在消费行为等方面的差异。

4.1.4 本研究涉入度的测量与划分

在本研究中的涉入度主要指消费者对于智能手机品牌的涉入度，而品牌涉入度包含很多因素，例如个人偏好、兴趣、心理需求等。具体到智能手机行业，品牌涉入度主要受到各品牌的品牌形象、产品差异、营销模式和传播渠道等多个因素的影响。有学者指出，消费者对产品或品牌的涉入度差异对产品属性认知或品牌偏好选择都具有一定的影响，而不同涉入度的消费群体在品牌信息处理、购买行为以及品牌忠诚度等方面具有显著差异。

很多学者都已关注涉入度对消费者行为的调节作用的研究，也通过实证等方法提出了一些结论，但尚未形成完全统一的认识和观点。有学者认为，不同的涉入度对消费者的某些信息处理行为的调节作用并不显著[184-185]，而有些学者通过研究证实，不同涉入度对产品或品牌与消费者之间的互动具有显著的调节作用[85]。因此，本研究将消费者对智能手机品牌的涉入度进行测量，并采取多数专家学者以往的做法和建议，将消费群体分为高、低涉入者两个子样本组进行比较分析，检验品牌涉入度对品牌体验与消费者购买意愿之间关系的调节作用。

很多学者都对涉入度的测量进行了研究，并形成了较为成熟的测量量表，本研究将以借鉴前人的成熟量表为主，以深度访谈为辅，对涉入度进行测量。哈维兹（Havitz）等学者[186]汇总了六种涉入度的测量量表，在这六种涉入度量表中，由洛朗和卡普费雷开发的消费涉入度量表（CIP）[178]和由扎伊奇科夫斯基[172]开发的个人涉入度量表（PII）的应用最为广泛。两者的最大差异在于，CIP将涉入度作为多维度变量测量，包括产品重要性、风险重要性、风险可能性、产品愉悦性和产品象征性。而PII将涉入度作为单维度变量测量。在后续的研究中有学者发现，扎伊奇科夫斯基的单维度量表更加适合测量低价、低风险的涉入度[187]，该量表对十四种产品进行了实证测量，具有较强的适用性和可观测性。但是哪种量表更加适用，至今尚在讨论当中。本研究将涉入度作为单一维度进行定义和测量。学者胡和于（Hu & Yu）[188]就借鉴了PII，对旅游购物行为的涉入度进行了测量。当将涉入度作为单维度测量时，通常将其按照一定的标准划分为高、低或者高、中、低不同的程度水平，并对各个程度水平的涉入度群体对比研究，而本研究就以涉入度的均值为标准，将所有调研样本划分为高、低涉入者两个子样本组，如表4-3所示。

表4-3　　　　　　　　　本研究涉入度的划分

调研对象	涉入度测量值	数量
所有样本	均值3.5	374
高涉入者	3.5~5（不包括3.5）	193
低涉入者	0~3.5（包括3.5）	181

4.2 研究假设与调节模型

4.2.1 涉入度对品牌体验与自我概念一致性之间关系的调节作用

品牌所传递的信息及其自身形象会吸引和引导目标消费群体的感知质量与价值。对于品牌的高涉入者来说，他们会主动积极地关注品牌的各种传播渠道，如媒体广告、社会活动、官方网站及微博、微信等新媒体的传播，第一时间了解和更新品牌推广或延伸的信息，并通过自身渠道形成二次或多次传播，如向亲友推荐、相关微信转发等。高涉入者会反复多次地将搜集和汇总的品牌信息进行处理和吸收，增强品牌形象与自身形象的相关性和紧密性，拉近理想自我与现实自我的差距，加深了品牌体验与自我概念一致性的关联。

同时，对于品牌低涉入者来说，他们不太可能特别主动地寻求品牌信息，并联想到品牌形象与自身的相关性与一致性。多数情况下，低涉入者都以较被动的方式接受着品牌信息，如无意间看到品牌的相关广告。他们不会主动寻求了解品牌信息的新渠道，更不会将获得的有限品牌信息进行主动传播和推广。因此，低涉入者对于品牌形象与自我形象的联系感知不强烈，对于品牌传播的方式渠道也不够敏感，不愿主动关注，品牌体验对于低涉入者的自我概念一致性影响较小，关联性也不够紧密。

综上所述，本研究提出以下假设：

H1a′：消费者对品牌的涉入度越高，认知体验对自我概念一致性的影响越大。

H1c′：消费者对品牌的涉入度越高，传播体验对自我概念一致性的影响越大。

4.2.2 涉入度对品牌体验与品牌态度之间关系的调节作用

学者佩蒂（Petty）和卡乔波（Cacioppo）提出的精细加工可能性模型（Elaboration Likelihood Model，ELM）通过双重路径理论将态度的改变归结为两条路径[183]：中心路径与边缘路径。具体来说，中心路径就是消费者出于某种原因，全面综合地思考各种信息和证据，主动寻求有力论据，使态度改变；而边缘路径则是当消费者积极主动去思考和了解的动力不强时，态度的改变则是源于外部的线索与联系，这些线索和联系可能是准确的，也可能是不准确的。两条路径相比较而言，中心路径所产生的态度改变更加持久，而且这种态度一旦形成，即可以更准确地预测消费者的行为。

品牌态度是消费者对品牌的一种评价和心理倾向。对于品牌高涉入者来说，他们对品牌的形象、认知、产品及信息传播等多个方面都保持着高度的关注，并对品牌有着强烈的、明确的、不易改变的自我认知感和评价，有明确的品牌偏好，对品牌产品非常了解，并对其喜爱的品牌有着良好的情感联系和较高的忠诚度。通过对品牌的深度了解和认知，以及对品牌强烈的好感和忠诚度，品牌的高涉入者会对品牌形成独特的品牌态度，他们对品牌有着自己的认识和评价，这种认知和评价更有依据、更明确、更持久。

同时，对于品牌低涉入者来说，他们对品牌的形象、产品、传播等方面的热情不高，关注度不够，与品牌难以形成内在的情感联系，并不经常与周围群体讨论品牌偏好。因此，低涉入者对品牌的评价和倾向性不是很明确，认知较为表面，缺乏深度，并带有一定的盲目性。所以这种态度不持久，较容易改变，对偏爱的品牌的忠诚度较低。

综上所述，本研究提出以下假设：

H2a′：消费者对品牌的涉入度越高，认知体验对品牌态度的影响越大。

H2b′：消费者对品牌的涉入度越高，产品体验对品牌态度的影响

越大。

H2c'：消费者对品牌的涉入度越高，传播体验对品牌态度的影响越大。

H2d'：消费者对品牌的涉入度越高，情感体验对品牌态度的影响越大。

H2e'：消费者对品牌的涉入度越高，关联体验对品牌态度的影响越大。

4.2.3 涉入度对品牌体验与主观规范之间关系的调节作用

主观规范是消费者周围人群或所属社会群体对其的影响。对于品牌高涉入者来说，由于他们主动积极地了解品牌信息，关注品牌最新消息，因此他们对品牌的认知较理性，也更全面和准确。他们很乐意关注品牌传播的各种信息，并向他人推荐，或者在相关社会群体中与他人讨论品牌相关话题，形成追求品牌的潮流。而广告的频繁播放也将加深品牌印象，促使品牌潮流的形成和延伸，使所有人都来参与和讨论品牌相关话题，逐步形成目标消费群体的品牌规则。主观规范的形成来自于外界的互动与交流，涉入度越高，消费者与品牌的互动和交流越多、越频繁，也就越容易形成主观规范。

同时，对于品牌低涉入者来说，他们对品牌广告、活动、官网等传播方式不够关注，即使是多次频繁地传播品牌信息，也对低涉入者的影响不大，因此品牌传播难以引起低涉入者追求品牌的欲望。而他们不会经常在与他人或相关社会群体的互动中谈论品牌的相关话题，甚至较少使用品牌产品，对品牌的关注度和讨论度较低，没有兴趣去谈论和参与该品牌形成的潮流，与品牌的交流和互动的频率越低，交往越少，主观规范就越难以形成。

综上所述，本研究提出以下假设：

H3a'：消费者对品牌的涉入度越高，传播体验对主观规范的影响越大。

H3b'：消费者对品牌的涉入度越高，关联体验对主观规范的影响越大。

4.2.4 涉入度对品牌体验与感知行为控制之间关系的调节作用

感知行为控制是获取相关资源的难易程度，包括获取信息、问题反馈、购买渠道等。影响感知行为控制的因素主要是资源的可得性与便利性。对于品牌高涉入者来说，他们通过各种渠道，全面了解和积极关注品牌的所有相关信息，包括品牌产品，品牌活动、购买方式、品牌内涵与历史、企业家精神等，尽可能地掌握自身对品牌需求、选择、购买等整个过程的所有可得性资源。同时，由于信息掌握得及时、充分，对产品非常了解，在购买渠道、产品操作等环节也节省了时间、精力等成本，因此品牌购买更加便捷和简单，购买行为更加易于实现。

同时，对于品牌低涉入者来说，他们对品牌传播的方式和内容的关注度不高，不经常主动积极地了解品牌信息、产品功能以及购买方式。品牌传播的方式和内容即使多次频繁传递，也难以帮助他们对整个品牌购买过程实现控制，这就使得感知风险提升，不确定性增大，购买行为的产生困难增大，整个品牌购买过程都无法体现各项资源的可得性与便利性，即感知行为控制能力较低。

综上所述，本研究提出以下假设：

H4b'：消费者对品牌的涉入度越高，传播体验对感知行为控制的影响越大。

4.2.5 涉入度对自我概念一致性与购买意愿之间关系的调节作用

购买意愿是购买行为发生的可能性和主观概率。对于品牌高涉入者来说，自身对品牌的高度关注、偏好与追求使得他们更易于将自身形象与品牌个性联系在一起。学者格拉夫（Graeff）指出[130]，当品牌的个性或形象与消费者的自我概念相一致时，消费者就会对该品牌产生明显偏好，发生购买行为。学者曹高举也发现[134]，自我概念与品牌的一致性越高，消费者购买该品牌的可能性越大。通过反复投射，这种自我概念一致性得到进一步增强，这进而使自身与品牌的联系更加地紧密。这种紧密联系的表现方式即对品牌的各种信息的关注和对品牌产品的购买，这种购买行为已经不是单纯地满足实用性需求，更多的是满足对品牌的向往甚至迷恋，达到一种高度的品牌忠诚，大大提升了品牌购买的可能性。

同时，对于品牌低涉入者来说，他们对品牌的个性形象以及相关产品不是特别热衷，进而难以将品牌的个性和形象投射到自己，难以形成自身与品牌的紧密联系。因此，他们对于品牌产品的需求大多数是出于实用性以及价格等因素的考虑，而不是受自我概念一致性的驱使，所以对于低涉入者群体，自我概念一致性对购买行为发生的概率的影响不够显著。

综上所述，本研究提出以下假设：

H5′：消费者对品牌的涉入度越高，自我概念一致性对购买意愿的影响越大。

4.2.6 涉入度对计划行为理论模型内部的调节作用

计划行为理论的基本内容是行为的发生主要受到行为意愿的影响，而行为意愿主要由行为态度、主观规范和感知行为控制三个因素决定。对于品牌高涉入者来说，他们通过对品牌形象的了解和品牌产品的使用，对品牌逐步形成较深刻的心理倾向和正面评价，这种越来越好的评价和越来越强的品牌偏好会促使消费者购买意愿越来越强，购买行为发生的概率也大大增加。利亚和施密特2010年在对品牌的相关研究中发现[136]，品牌态度能够较好地预测购买意愿。国内学者对品牌态度与购买意愿的影响研究中指出，品牌态度对购买意愿的影响是正向且显著的。品牌高涉入者更乐于在相关群体中讨论品牌话题，研究品牌发展与动向，进而影响身边的潜在品牌购买者，促使他们融入品牌讨论中。对于他人发出的品牌讨论，他们也会积极参与，并提出自己的看法，主动互相交流。值得一提的是，品牌高涉入者对于自己对品牌的认识和理解有自己独特的见解，即使外界对品牌有不同的看法，也较难改变高涉入者对品牌原有的认知。另外，品牌高涉入者更加关注品牌信息的传播，包括广告、官网、微博以及促销优惠活动，这些品牌信息的传播使得消费者能够更加轻易地获取优惠信息和更多的购买渠道。消费者购买品牌的方式愈加便捷和简单也进一步提升了消费者的购买可能性。

同时，对于品牌低涉入者来说，由于他们对品牌的了解和认知不够，因此他们难以形成明确的品牌评价和对品牌的心理倾向，缺乏足够的心理正向驱动去促使其购买该品牌。而品牌低涉入者即使对品牌有点兴趣或者对品牌产品有使用经验，也较少主动在群体中谈论和推介，对于他人对品牌的评价和讨论也较少参与。但是品牌低涉入者较容易受到周围人对品牌看法的影响，由于自身对品牌的认知不足，其较容易受到他人影响而改变对品牌原有的看法。另外，品牌低涉入者对品牌的最新信息和产品更新不够关注，对品牌的新动向、新产品、新功能以及新的购买方式和优惠活动不够了解，因此难以获得有效的购买品牌产品的信息和优惠，无法有效提升购买的主观概率。

综上所述，本研究提出以下假设：

H6'：消费者对品牌的涉入度越高，品牌态度对购买意愿的影响越大。

H7'：消费者对品牌的涉入度越高，主观规范对购买意愿的影响越小。

H8'：消费者对品牌的涉入度越高，感知行为控制对购买意愿的影响越大。

因此，本研究提出的以品牌涉入度为调节变量的调节模型如图4-1所示。

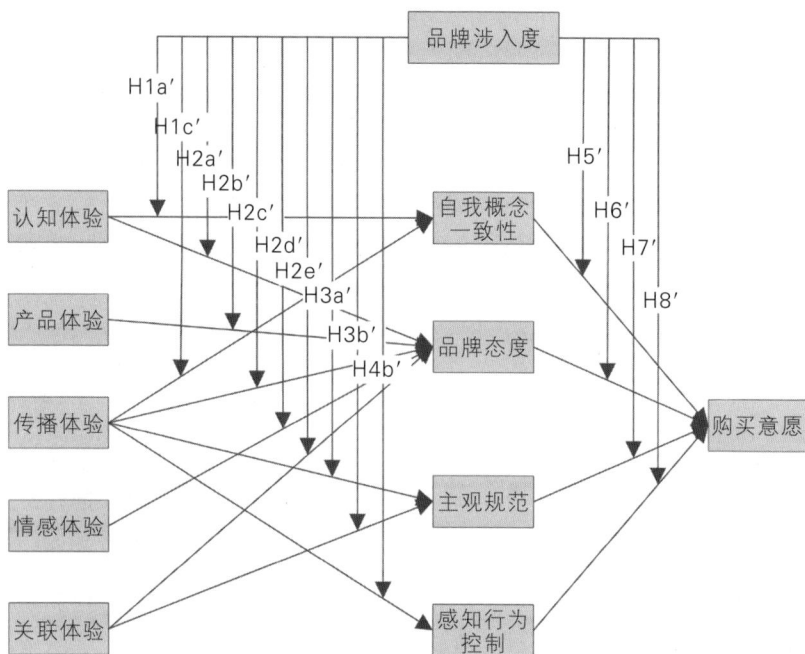

图 4-1　本研究的调节模型

4.3　实证分析与结果讨论

　　本节所使用的调研数据来自于第3章的大规模调研，所涉及的概念界定与测量工具与第3章相同，量表的测试与修缮也不再赘述。本节实证分析的目的在于检验之前提出的调节关系假设以及调节模型。根据之前对品牌涉入度这一调节变量的划分，我们得到了高、低涉入者两个子样本组，本节首先将描述这两个子样本组的数据情况；其次，由于样本量发生了较大变化，所以需要对两个子样本组的数据进行信度和效度检验；再次，将对两个子样本组对应的理论模型进行对比分析；最后，将检验两个子样本组之间路径系数差异的统计显著性，得到假设检验结果。

4.3.1　样本数据描述

　　在大规模调研的数据中，有效样本量为374，以涉入度的测量均值为标准，将总样本划分为高涉入者和低涉入者两个子样本组，样本量分别为193和181。计算两个子样本组的数据均值与标准差，计算结果如表4-4所示。

表4-4 　　　　　　　　　　　　 **数据情况描述**

题项代码	高涉入者（n=193）		低涉入者（n=181）	
	均值	标准差	均值	标准差
CE1	4.617	0.593	4.536	0.679
CE2	4.606	0.764	4.586	0.796
CE3	4.492	0.804	4.425	0.938
CE4	4.415	0.767	4.320	0.861
PE1	4.446	0.749	4.227	0.788
PE2	4.420	0.725	4.193	0.837
PE3	4.275	0.818	3.950	0.896
PE4	3.984	0.916	3.564	0.956
BE1	3.513	1.164	2.221	1.113
BE2	3.782	1.048	3.133	1.082
BE3	3.285	0.982	2.845	0.936
BE4	3.275	1.187	2.613	1.046
AE1	4.311	0.768	4.039	0.839
AE2	4.259	0.787	3.884	0.902
AE3	4.031	0.989	3.337	1.102
RE1	3.523	1.080	2.856	1.012
RE2	3.751	1.046	3.000	1.038
RE3	3.446	1.158	2.354	1.058
RE4	3.674	1.138	2.685	1.181
SC1	3.736	0.912	3.055	0.959

题项代码	高涉入者（n=193）		低涉入者（n=181）	
	均值	标准差	均值	标准差
SC2	3.865	0.903	3.232	0.984
SC3	3.751	0.878	3.072	0.931
SC4	3.860	0.876	3.221	0.958
BA1	4.399	0.655	3.934	0.847
BA2	4.347	0.676	3.923	0.859
BA3	4.425	0.609	4.066	0.772
BA4	4.316	0.706	3.983	0.756
BA5	4.290	0.676	3.961	0.819
SN1	3.768	0.896	4.067	0.938
SN2	3.497	0.780	4.083	0.975
SN3	3.503	0.792	4.057	0.923
SN4	3.365	0.836	3.933	0.925
PBC1	4.197	0.745	3.613	0.986
PBC2	4.119	0.879	3.757	0.970
PBC3	4.098	0.801	3.260	1.142
PI1	4.181	0.759	3.613	1.025
PI2	4.176	0.750	3.685	0.820
PI3	4.254	0.759	3.923	0.792

由表4-4可知，多数题项的均值都呈现同一规律，即高涉入者的每个题项均值都大于低涉入者对应的题项均值，这说明通过直观的观察，高、低涉入者对品牌体验、自我概念一致性、品牌态度等一系列测量变量的感知存在差异。涉入度越高，消费者对品牌体验的感知越强，对品牌的态度和购买意愿也越强。同时，涉入度越高，消费者对主观规范的感知越弱。不同涉入度的子样本组呈现出了不同的特征差异。

为了提高测量指标的准确性、稳定性和可靠性，我们将各变量下的测量题项合成两个子指标，并计算各个子指标的均值和标准差，计算结果如表4-5所示。

表4-5 子指标的数据情况

子指标代码	高涉入者（n=193）		低涉入者（n=181）	
	均值	标准差	均值	标准差
ECE1	4.611	0.583	4.561	0.591
ECE2	4.453	0.638	4.373	0.769
EPE1	4.433	0.638	4.210	0.717
EPE2	4.130	0.686	3.757	0.756
EBE1	3.648	0.934	2.677	0.918
EBE2	3.280	0.932	2.729	0.876
EAE1	4.285	0.714	3.961	0.809
EAE2	4.031	0.989	3.337	1.102
ERE1	3.637	0.975	2.928	0.937
ERE2	3.560	1.061	2.519	1.051
ESC1	3.736	0.912	3.055	0.959
ESC2	3.826	0.774	3.175	0.855
EBA1	4.373	0.615	3.928	0.780
EBA2	4.344	0.577	4.004	0.682
ESN1	3.768	0.896	4.067	0.938
ESN2	3.455	0.715	4.024	0.837
EPBC1	4.148	0.669	3.436	0.908
EPBC2	4.119	0.879	3.757	0.970
EPI1	4.181	0.759	3.613	1.025
EPI2	4.215	0.659	3.804	0.733

由表4-5可知，各子指标的均值也呈现出与测量题项相同的趋势和规律，即涉入度越高，各子指标的均值越大，消费者对品牌体验的感知越强，对品牌的购买意愿也越强。只有主观规范的感知在低涉入度时反而更大。

4.3.2 子样本组的信度与效度检验

之前已经对正式量表的信度和效度进行了多重检验和评价，由于本节中各子样本组的样本量与之前相比发生了较大变化，所以需要对两个子样本组的变量测量进行信度与效度检验。本节的检验主要包括内部一致性信度、区别效度以及收敛效度的检验。

（1）内部一致性信度

本节主要根据项目-总体相关系数（CITC值）和克隆巴赫系数两个指标来评价内部一致性信度。两个子样本组中各个题项的CITC值与各个变量的克隆巴赫系数如表4-6所示。

表4-6 内部一致性信度分析

题项代码	高涉入者（n=193）		低涉入者（n=181）	
	CITC值	克隆巴赫系数	CITC值	克隆巴赫系数
CE1	0.5786		0.5879	
CE2	0.5121	0.7716	0.5781	0.7539
CE3	0.6212		0.6965	
CE4	0.6238		0.6881	
PE1	0.6186		0.6623	
PE2	0.6606	0.7930	0.6735	0.7328
PE3	0.5526		0.5775	
PE4	0.5209		0.5534	
BE1	0.6574	0.7468	0.6419	0.7768
BE2	0.5764		0.6082	

续表

题项代码	高涉入者（n=193）		低涉入者（n=181）	
	CITC值	克隆巴赫系数	CITC值	克隆巴赫系数
BE3	0.7097	0.7468	0.5968	0.7768
BE4	0.5022		0.6096	
AE1	0.6010		0.6354	
AE2	0.6920	0.8517	0.6407	0.8242
AE3	0.6854		0.6076	
RE1	0.7162		0.6849	
RE2	0.6931	0.8645	0.7074	0.8686
RE3	0.7651		0.7592	
RE4	0.6821		0.7374	
SC1	0.7246		0.6973	
SC2	0.7914	0.8760	0.7878	0.8856
SC3	0.7088		0.7257	
SC4	0.7086		0.7914	
BA1	0.7010		0.6882	
BA2	0.6948		0.6974	
BA3	0.7411	0.8739	0.7890	0.8743
BA4	0.6957		0.6868	
BA5	0.6843		0.6613	
SN1	0.5911		0.6437	
SN2	0.7508	0.8579	0.7797	0.8490
SN3	0.7766		0.7755	
SN4	0.7096		0.6635	
PBC1	0.5580	0.7265	0.5461	0.7260

续表

题项代码	高涉入者（n=193）		低涉入者（n=181）	
	CITC 值	克隆巴赫系数	CITC 值	克隆巴赫系数
PBC2	0.5322	0.7265	0.5657	0.7260
PBC3	0.5624		0.5410	
PI1	0.5319	0.7209	0.5642	0.7331
PI2	0.5553		0.6924	
PI3	0.5314		0.5525	

由表 4-6 可知，所有题项的 CITC 值都在 0.5022 至 0.7914 之间，满足大于 0.5 的相关要求；所有变量的克隆巴赫系数都在 0.7209 至 0.8856 之间，满足大于 0.7 的相关要求，所有题项得以保留，所有变量的内部一致性信度都较好。

（2）探索性因子分析

我们通过探索性因子分析对两个子样本组中的所有变量进行单维度性和区别效度的检验。单维度性检验是对测量变量下的所有题项进行因子分析，看结果是否只生成唯一的因子。区别效度检验是将所有题项一起进行因子分析，看所有题项是否会以较高的因子负载汇聚在研究设计的变量上，且不存在因子负载过小和交叉负载的情况，如果符合上述要求，即说明各变量具有较好的单维度性和区别效度。两个子样本组的单维度性检验结果如表 4-7 所示。

表4-7 单维度性检验

变量	高涉入者（n=193）			低涉入者（n=181）		
	因子数	KMO	累计解释百分比	因子数	KMO	累计解释百分比
CE	1	0.794	71.09%	1	0.690	69.21%
PE	1	0.721	66.30%	1	0.726	68.43%
BE	1	0.758	75.45%	1	0.693	71.64%
AE	1	0.735	68.63%	1	0.712	66.96%

续表

变量	高涉入者（n=193）			低涉入者（n=181）		
	因子数	KMO	累计解释百分比	因子数	KMO	累计解释百分比
RE	1	0.783	71.18%	1	0.777	71.89%
SC	1	0.782	72.92%	1	0.759	74.49%
BA	1	0.821	66.72%	1	0.819	66.87%
SN	1	0.814	70.92%	1	0.795	69.23%
PBC	1	0.783	64.93%	1	0.684	64.93%
PI	1	0.748	71.91%	1	0.710	66.97%

　　由表4-7可知，两个子样本组中的所有变量在因子分析后都只生成了一个因子，且KMO值都在0.684至0.821之间，满足大于0.5的相关要求，说明数据适合做因子分析。所有因子的累计解释百分比都在64.93%至75.45%之间，满足大于60%的要求。检验结果说明，两个子样本组中的所有变量都具有较好的单维度性。

　　单维度性检验之后，我们将两个子样本组中的所有题项分别进行因子分析，用以检验各变量之间的区别效度，检验结果如表4-8、表4-9所示。

表4-8　　　　　　　　**高涉入者样本的探索性因子分析**

变量	题项	因子									
		1	2	3	4	5	6	7	8	9	10
CE	CE1									0.649	
	CE2									0.788	
	CE3									0.719	
	CE4									0.549	
PE	PE1							0.668			
	PE2							0.692			
	PE3							0.524			

续表

变量	题项	因子									
		1	2	3	4	5	6	7	8	9	10
PE	PE4							0.690			
BE	BE1								0.671		
	BE2								0.669		
	BE3								0.683		
	BE4								0.567		
AE	AE1										0.552
	AE2										0.721
	AE3										0.555
RE	RE1						0.738				
	RE2						0.742				
	RE3						0.806				
	RE4						0.815				
SC	SC1		0.643								
	SC2		0.645								
	SC3		0.669								
	SC4		0.650								
BA	BA1	0.802									
	BA2	0.773									
	BA3	0.775									
	BA4	0.722									
	BA5	0.723									
SN	SN1			0.613							
	SN2			0.810							

续表

变量	题项	因子									
		1	2	3	4	5	6	7	8	9	10
SN	SN3			0.816							
	SN4			0.771							
PBC	PBC1				0.731						
	PBC2				0.773						
	PBC3				0.727						
PI	PI1					0.546					
	PI2					0.841					
	PI3					0.775					

表4-9　　　　　　低涉入者样本的探索性因子分析

变量	题项	因子									
		1	2	3	4	5	6	7	8	9	10
CE	CE1									0.522	
	CE2									0.709	
	CE3									0.702	
	CE4									0.696	
PE	PE1							0.544			
	PE2							0.745			
	PE3							0.652			
	PE4							0.517			
BE	BE1								0.607		
	BE2								0.569		
	BE3								0.791		
	BE4								0.662		

续表

变量	题项	因子									
		1	2	3	4	5	6	7	8	9	10
AE	AE1										0.736
	AE2										0.675
	AE3										0.561
RE	RE1						0.701				
	RE2						0.773				
	RE3						0.752				
	RE4						0.803				
SC	SC1		0.699								
	SC2		0.714								
	SC3		0.669								
	SC4		0.700								
BA	BA1	0.791									
	BA2	0.77									
	BA3	0.791									
	BA4	0.664									
	BA5	0.600									
SN	SN1			0.681							
	SN2			0.841							
	SN3			0.851							
	SN4			0.764							
PBC	PBC1				0.671						
	PBC2				0.694						
	PBC3				0.742						

续表

变量	题项	因子									
		1	2	3	4	5	6	7	8	9	10
PI	PI1					0.528					
	PI2					0.802					
	PI3					0.823					

由表4-8可知，高涉入者的子样本中所有题项的因子分析结果显示，KMO值为0.836，满足大于0.5的相关要求。共截取了10个因子，累计解释百分比为67.47%，满足大于60%的相关要求。所有题项都负载到了相应的变量下，负载系数都在0.524至0.841之间，满足大于0.5的相关要求，且没有出现交叉负载的情况。上述结果表明，高涉入者样本的所有变量之间具有较好的区别效度。

由表4-9可知，低涉入者的子样本中所有题项的因子分析结果显示，KMO值为0.802，满足大于0.5的相关要求。共截取了10个因子，累计解释百分比为69.21%，满足大于60%的相关要求。所有题项都负载到了相应的变量下，负载系数都在0.517至0.851之间，满足大于0.5的相关要求，且没有出现交叉负载的情况。上述结果表明，低涉入者样本的所有变量之间具有较好的区别效度。

（3）验证性因子分析

我们通过验证性因子分析对两个子样本组中的所有变量的收敛效度和区别效度作进一步的验证。为了检验方便，我们将使用各变量题项合并后的子指标，采用极大似然估计，两个样本组的检验结果如表4-10所示。

表4-10　　　　　　拟合指标

拟合指标	高涉入者（n=193）	低涉入者（n=181）
χ^2	268.13	265.42
df	125	125
χ^2/df	2.15	2.12

续表

拟合指标	高涉入者（n=193）	低涉入者（n=181）
AGFI	0.97	0.95
NFI	0.98	0.96
CFI	0.97	0.94
GFI	0.96	0.95
RMR	0.039	0.042
RMSEA	0.062	0.065

由表 4-10 可知，验证性因子分析的结果显示，两个子样本组的验证模型的卡方为 268.13 和 265.42，自由度都为 125，两者比值分为别 2.15 和 2.12，都满足大于 2 且小于 5 的相关要求；拟合系数 AGFI、NFI、CFI、GFI 的值都在 0.94 至 0.98 之间，都满足大于 0.9 的相关要求；RMR 值分别为 0.039 和 0.042，都满足小于 0.05 的相关要求；RMSEA 值分别为 0.062 和 0.065，都满足小于 0.08 的相关要求。上述结果表明，两个子样本组的数据与验证模型的拟合度都比较好。

通过验证性因子分析来验证各子样本组变量的收敛效度，主要是计算和考察标准化因子负载与平均方差提取量（AVE 值），如表 4-11 所示。

表4-11 收敛效度分析

变量	子指标	高涉入者（n=193）		低涉入者（n=181）	
		标准化负载	AVE值	标准化负载	AVE值
CE	ECE1	0.80	0.93	0.85	0.94
	ECE2	0.75		0.77	
PE	EPE1	0.78	0.95	0.72	0.89
	EPE2	0.85		0.78	
BE	EBE1	0.72	0.91	0.73	0.90
	EBE2	0.83		0.82	

续表

变量	子指标	高涉入者（n=193）		低涉入者（n=181）	
		标准化负载	AVE值	标准化负载	AVE值
AE	EAE1	0.79	0.93	0.86	0.93
	EAE2	0.82		0.74	
RE	ERE1	0.79	0.94	0.80	0.92
	ERE2	0.85		0.83	
SC	ESC1	0.80	0.92	0.75	0.89
	ESC2	0.86		0.81	
BA	EBA1	0.78	0.91	0.74	0.89
	EBA2	0.81		0.79	
SN	ESN1	0.85	0.98	0.82	0.90
	ESN2	0.92		0.76	
PBC	EPBC1	0.83	0.89	0.76	0.88
	EPBC2	0.72		0.73	
PI	EPI1	0.78	0.88	0.80	0.91
	EPI2	0.72		0.75	

由表4-11知，在两个子样本组中，所有子指标在相应变量上的标准化因子负载系数都在0.72至0.92之间，满足大于0.7的相关要求，且在P<0.001条件下具有统计显著性；各变量的平均方差提取量（AVE值）都在0.88至0.98之间，符合大于0.5的相关要求。上述结果表明，两个子样本组中的各个变量都具有较好的收敛效度。

我们通过确认性因子分析来进一步评价两个子样本组变量的区别效度，具体方法是对比各变量的平均方差提取量的平方根与各变量之间的相关系数的绝对值大小。如果平均方差提取量的平方根较大，则说明各变量之间存在较好的区别效度，如表4-12、表4-13所示。

表4-12　　　　　　　　高涉入者样本的区别效度分析结果

变量	CE	PE	BE	AE	RE	SC	BA	SN	PBC	PI
CE	0.964									
PE	0.84	0.975								
BE	0.26	0.53	0.954							
AE	0.55	0.79	0.72	0.964						
RE	0.08	0.22	0.69	0.60	0.970					
SC	0.24	0.37	0.56	0.67	0.78	0.959				
BA	0.49	0.65	0.55	0.86	0.43	0.63	0.954			
SN	0.33	0.50	0.50	0.57	0.41	0.47	0.53	0.990		
PBC	0.28	0.47	0.53	0.56	0.32	0.44	0.48	0.66	0.943	
PI	0.36	0.56	0.46	0.65	0.48	0.40	0.68	0.42	0.52	0.938

表4-13　　　　　　　　低涉入者样本的区别效度分析结果

变量	CE	PE	BE	AE	RE	SC	BA	SN	PBC	PI
CE	0.970									
PE	0.78	0.943								
BE	0.24	0.51	0.949							
AE	0.46	0.73	0.72	0.964						
RE	0.11	0.21	0.70	0.50	0.959					
SC	0.17	0.30	0.54	0.58	0.73	0.943				
BA	0.37	0.59	0.41	0.76	0.32	0.52	0.943			
SN	0.22	0.58	0.47	0.44	0.39	0.47	0.52	0.949		
PBC	0.26	0.45	0.49	0.48	0.31	0.43	0.46	0.62	0.938	
PI	0.24	0.57	0.34	0.60	0.43	0.38	0.55	0.43	0.46	0.954

由表4-12和表4-13可知，对角线上的数字是各变量平均方差提取量的平方根，其他数字代表两两变量之间的相关系数。显然，各变量平

均方差提取量的平方根大于各变量之间的相关系数，进一步说明两个子样本组中的各变量具有较好的区别效度。

4.3.3　模型分析与假设检验

（1）结构方程模型分析

首先将两个子样本组的数据进行标准化正态处理，然后分别按照第3章提出的理论模型进行检验，检验结果如表4-14所示。

表4-14　　　　　　　　　　结构方程模型拟合指标

拟合指标	高涉入者（n=193）	低涉入者（n=181）
χ^2	336.58	324.16
df	144	144
χ^2/df	2.34	2.25
AGFI	0.92	0.90
NFI	0.90	0.92
CFI	0.95	0.93
GFI	0.92	0.90
RMR	0.045	0.048
RMSEA	0.066	0.076

由表4-14可知，结构方程模型分析的结果显示，两个子样本组的卡方分别为336.58和324.16，自由度都为144，两者比值分为别2.34和2.25，都满足大于2且小于5的相关要求；拟合系数AGFI、NFI、CFI、GFI的值都在0.90至0.95之间，都满足大于0.9的相关要求；RMR值分别为0.045和0.048，都满足小于0.05的相关要求；RMSEA值分别为0.066和0.076，都满足小于0.08的相关要求。上述结果表明，两个子样本组的数据与结构方程模型的拟合度都比较好，两个子样本组的结构方程模型均被接受。

（2）路径系数比较

我们将要讨论不同品牌涉入度的子样本组中各变量间的关系差异，即分别在两个子样本组中进行结构方程模型分析，如图4-2和图4-3所示，得到所有调节假设的路径系数和T值，检验各假设的显著性，如表4-15所示。

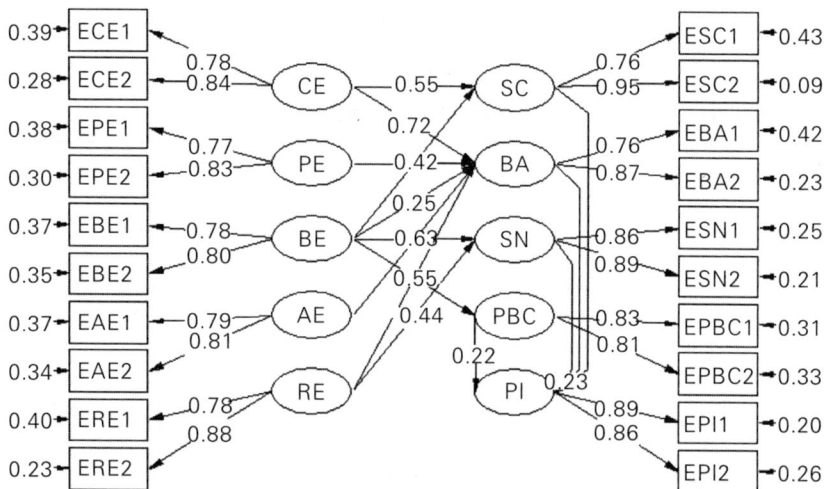

图4-2　高涉入者的结构方程分析

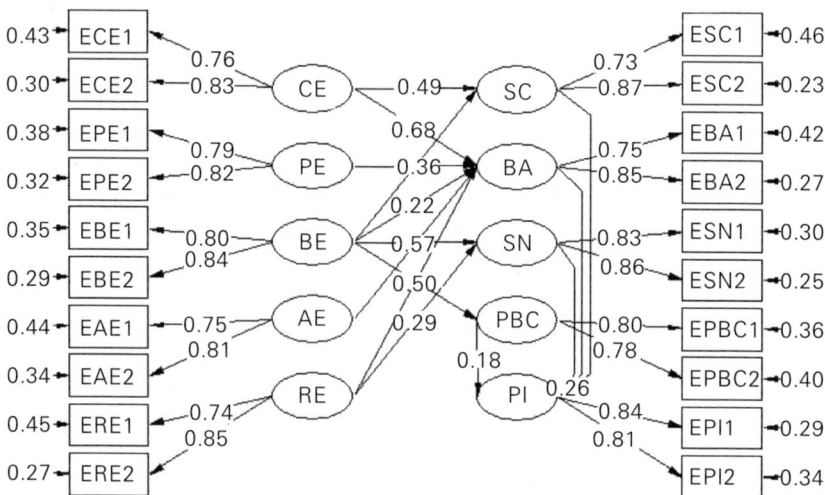

图4-3　低涉入者的结构方程分析

表4-15　　　各子样本组中变量间路径关系系数及其显著性

调节假设	关系路径	高涉入者（n=193）			低涉入者（n=181）		
		路径系数	T值	是否显著	路径系数	T值	是否显著
H1a′	CE→SC	0.55	2.54	是	0.49	2.66	是
H1c′	BE→SC	0.58	8.72	是	0.53	9.03	是
H2a′	CE→BA	0.72	3.69	是	0.68	3.42	是
H2b′	PE→BA	0.42	3.87	是	0.36	3.67	是
H2c′	BE→BA	0.25	4.19	是	0.22	4.54	是
H2d′	AE→BA	0.50	2.97	是	0.45	3.18	是
H2e′	RE→BA	0.44	4.17	是	0.40	4.29	是
H3a′	BE→SN	0.63	4.88	是	0.57	4.76	是
H3b′	RE→SN	0.44	2.29	是	0.29	2.17	是
H4b′	BE→PBC	0.55	6.29	是	0.50	5.93	是
H5′	SC→PI	0.40	3.29	是	0.35	3.72	是
H6′	BA→PI	0.51	2.51	是	0.46	2.64	是
H7′	SN→PI	0.23	2.08	是	0.26	2.22	是
H8′	PBC→PI	0.22	4.58	是	0.18	4.28	是

由表4-15可知，本研究提出的理论假设在两个子样本组的模型中都得到了支持（T值＞2），通过直观的观察可以看出，高涉入者在各个影响关系的路径系数基本都大于低涉入者，即消费者对品牌的涉入度越高，品牌体验对自我概念一致性、品牌态度、主观规范及感知控制变量的影响越大，且品牌态度、感知行为控制和自我概念一致性对购买意愿的影响也越大，只有主观规范对购买意愿的影响随着涉入度的升高而减小，这也符合本研究设计的影响变化趋势。

（3）路径系数差异的显著性检验

通过两个子样本组的理论模型分析对比，我们发现两个子样本组中同一条影响路径的路径系数存在差异，而这种差异是否在统计上显著，还没有得到验证。下面我们将对两个子样本组中的各个影响路径的路径系数进行差异显著性检验，并以此来判断各个调节假设是否成立。

本研究将参考雷东多（Redondo）和菲耶罗（Fierro）等学者在2005年的建议[189]，按照以下方法来检验两个子样本组之间路径系数差异的显著性。通过多组分析（Multigroup Analysis）等方法在两个子样本组中进行理论模型的结构方程分析，在非限定情况下，分别得到卡方值（χ^2）和自由度（df）；然后在两个子样本组中，同时将待检验的路径系数限定为恒等，其他路径不变，构成一个限定模型，分别得到新的χ^2和df；对比限定模型与非限定模型的χ^2和df值，通过计算得到$\Delta\chi^2$和Δdf；借鉴卡方表，判断$\Delta\chi^2$在相应的Δdf上是否具有统计显著性，如果显著，则说明被限定的路径系数在不同的子样本组之间存在的差异具有统计显著性。该方法可以在两组或两组以上的子样本组中进行验证。本研究中，针对高涉入者和低涉入者两个子样本组之间的路径系数差异的检验结果，如表4-16所示。

表4-16　　　　　　　　　　　　**路径系数差异显著性检验**

模型检验	影响路径	卡方值（χ^2）	自由度（df）	$\Delta\chi^2$	Δdf	统计显著性
非限定模型	—	660.74	288	—	—	—
限定模型	CE→SC	667.88	289	7.14	1	P＜0.01
	BE→SC	667.55	289	6.81	1	P＜0.01
	CE→BA	666.10	289	5.36	1	P＜0.05
	PE→BA	663.69	289	2.95	1	ns
	BE→BA	667.97	289	7.23	1	P＜0.01
	AE→BA	665.12	289	4.38	1	P＜0.05
	RE→BA	667.24	289	6.50	1	P＜0.05
	BE→SN	669.43	289	8.69	1	P＜0.01
	RE→SN	665.46	289	4.72	1	P＜0.05

续表

模型检验	影响路径	卡方值 （χ^2）	自由度 （df）	$\Delta\chi^2$	Δdf	统计显著性
限定模型	BE→PBC	667.71	289	6.97	1	P＜0.01
	SC→PI	668.22	289	7.48	1	P＜0.01
	BA→PI	670.01	289	9.27	1	P＜0.01
	SN→PI	665.82	289	5.08	1	P＜0.05
	PBC→PI	665.21	289	4.47	1	P＜0.05

由表4-16可知，在非限定模型中，高涉入者与低涉入者两个子样本组模型的χ^2和df分别为；将十四个路径系数依次设定为恒等，构成十四个限定模型，且得到十四组限定模型的χ^2和df。将十四个限定模型的χ^2和df与非限定模型的χ^2和df相对比，得到十四组$\Delta\chi^2$和Δdf。本研究的Δdf都等于1，借鉴卡方表可知，当Δdf=1时，若$\Delta\chi^2$大于6.63，则在P＜0.01水平下显著；若$\Delta\chi^2$大于3.84且小于6.63，则在P＜0.05水平下显著；若$\Delta\chi^2$小于3.84，则在统计上不显著。从检验结果来看，大多数的路径系数差异具有统计显著性，说明消费者对品牌的涉入度越高，品牌体验对购买意愿的影响越大且越显著。只有产品体验对品牌态度的影响差异不显著，说明不同涉入度的产品体验对品牌态度的影响差异不大。

在所有的十四个调节假设中，有十三个假设得到支持，即H1a′、H1c′、H2a′、H2c′、H2d′、H2e′、H3a′、H3b′、H4b′、H5′、H6′、H7′、H8′。这说明消费者对品牌的涉入度越高，认知体验、传播体验、情感体验和关联体验对自我概念一致性、品牌态度、主观规范和感知行为控制的影响越大；自我概念一致性、品牌态度和感知行为控制对购买意愿的影响越大；主观规范对购买意愿的影响越小。而产品体验对品牌态度的影响在不同涉入度的消费群体中的差异不大。

4.4　本章小结

本章首先对涉入度的定义和分类进行了综述，对不同涉入度的行为差异进行了讨论，并对本研究的品牌涉入度进行了界定、划分和测量。基于第3章的理论模型，本章提出了以品牌涉入度为调节变量的调节模型。依据涉入度的高低将总样本划分为两个子样本组，并对两个子样本组的数据的信度和效度进行了检验。然后在实证研究中，对两个子样本组的模型进行了结构方程分析，以及路径系数的大小比较与显著性检验。最后依据限定模型与非限定模型的卡方值和自由度的差异对比，检验了两个子样本组之间各个路径系数的差异显著性，同时得到了调节假设的检验结果。结果显示，从影响的显著性来看，只有产品体验对品牌态度的影响在两个子样本组之间的差异不显著，其余的十三个调节假设都得到了支持；从影响的方向来看，只有主观规范对购买意愿的影响是随着涉入度的升高而减小，其余的都是随着涉入度的升高而增大。

5 结论与展望

本章主要是基于前面各章节的内容，提炼并总结出本研究的主要结论与创新点，进而提出理论进展与实践启示，最后对研究局限与展望进行反思与建议。

5.1 主要结论与创新点

本节主要通过理论分析与实证检验结果，提出本研究的创新点，归纳和总结出本研究的主要结论，形成鲜明的观点。

5.1.1 设计并开发的品牌体验五维度量表具有良好的信度与效度

本研究将文献调研与深度访谈相结合，将智能手机行业的品牌体验界定为：消费者在对智能手机品牌的信息搜集、产品选购、购后服务等整个体验过程中，对品牌所形成的主观的、内在的、个性化的反应，以及品牌传递给消费者的品牌相关刺激物所引发的行为反应。通过三层划分，将品牌体验划分为认知体验、产品体验、传播体验、情感体验、关联体验五个维度，其中前三个属于外部体验，后两个属于内部体验。本研究基于科学的实证研究方法，针对上述五个维度设计并建立了品牌体验的测量量表，通过一系列的检验，证明量表的信度与效度良好。

在信度检验方面：认知体验（4个题项）的克隆巴赫系数为0.8631、组成信度为0.8774；产品体验（4个题项）的克隆巴赫系数为0.8374、组成信度为8301；传播体验（4个题项）的克隆巴赫系数为0.9178、组成信度为0.9657；情感体验（3个题项）的克隆巴赫系数为0.9527、组成信度为0.8799；关联体验（4个题项）的克隆巴赫系数为0.8887、组成信度为0.9287。因此，品牌体验五个维度的克隆巴赫系数和组成信度分别都达到了0.7和0.5的标准，说明量表的信度较好。

效度检验分为五个方面。

（1）收敛效度

量表中19个题项的标准化因子负载都达到了0.7的标准，且在P<0.001条件下显著，品牌体验五个维度的平均方差提取量都达到了0.7的标准，证明量表的收敛效度良好。

（2）区别效度

所有题项在所属的因子下的负载都达到了0.5的标准，且没有跨因子负载情况；巢状模型配对比较表明，品牌体验五个维度的区别效度良好；平均方差提取量的平方根与相关系数的对比表明量表的区别效度良好。

（3）交叉效度

两个子样本组的拟合指标都达到了相应的标准，说明量表的交叉效度良好。

（4）律则效度

品牌体验的五个维度与购买意愿之间具有因果关系，说明量表的律则效度良好。

（5）二阶验证

品牌体验的五个维度在二阶因子上的负载较大，达到了相关标准，说明五个维度可以较好地收敛于品牌体验这一更高阶的概念。

创新点一：基于理论文献与定性访谈，界定了品牌体验的概念并将其划分为五个维度，设计了品牌体验的五维度测量量表，并验证了量表具有良好的信度与效度。

5.1.2 拓展计划行为理论，揭示品牌体验各维度对行为意愿的影响路径与显著性

本研究依据理性行为理论、计划行为理论和自我概念的相关研究，通过实证研究的方法，构建并检验了品牌体验驱动购买意愿的理论模型，探讨了品牌体验对消费者购买意愿的影响机制，揭示了影响路径，对比了影响显著性。

在计划行为理论模型的检验中，当增加了自我概念一致性这一变量后，模型整体的拟合效果与预测能力都得到显著提升。这与巴戈齐和纳塔拉扬（2000）[20]、刑逸玲（2002）[32] 等学者的观点一致，即在计划行为理论模型中适时增加单一变量，将提升整个模型的预测能力，这也是对传统计划行为理论模型的丰富和创新。

在整个理论模型的检验中，影响消费者购买意愿的直接变量是自我概念一致性、品牌态度、主观规范和感知行为控制，其中品牌态度的影响最大（0.47），其次是自我概念一致性（0.38）。在五个维度对四个中间变量的影响中，认知体验和传播体验对自我概念一致性有显著影响，其中传播体验的影响较大（0.55）；五个维度都对品牌态度有显著影响，其中认知体验的影响较大（0.71）；传播体验和关联体验对主观规范有显著影响，其中传播体验的影响较大（0.59）；传播体验对感知行为控制有显著影响（0.56）。可以说，传播体验对自我概念一致性、主观规范和感知行为控制三个中间变量的影响最大，而认知体验对品牌态度的影响最大；内、外部体验相比，外部体验影响的中间变量更多，影响购买意愿的路径更多，影响的程度也更大。这也解释了为什么智能手机企业在营销策略中特别重视媒体广告的投入和品牌形象的建立。

创新点二：基于理性行为理论、计划行为理论和自我概念的相关研

究，构建并实证检验了品牌体验五个维度通过自我概念一致性、品牌态度、主观规范、感知行为控制四个变量而影响购买意愿的理论模型。拓展了行为意愿的前因研究，丰富了传统的计划行为理论模型。

5.1.3 揭示品牌体验对行为意愿的影响在不同涉入度群体之间的差异与显著性

本研究将消费者群体依据品牌涉入度的高低划分为两个子样本组，并在两个子样本组中检验了品牌体验驱动购买意愿的理论模型。检验结果显示，所有拟合指标都达到了相关要求，说明该理论模型在不同品牌涉入度人群中具有普适性。

本研究对两个子样本组中理论模型的路径系数进行了差异对比和显著性分析。

（1）中间变量与购买意愿的分析

消费者的品牌涉入度越高，自我概念一致性、品牌态度和感知行为控制三个变量对购买意愿的影响越大（0.35＜0.4；0.46＜0.51；0.18＜0.22），而主观规范对购买意愿的影响越小（0.26＞0.23），这些路径的系数差异都呈现统计显著性，也符合研究假设的变化趋势。而在两个子样本组中，对购买意愿影响最大的都是品牌态度，其次是自我概念一致性。这说明不论在哪个消费群体中，消费者自身对于品牌的偏好和认知都是决定消费的重要因素，而消费者对于品牌形象的自我投射也在其中起到了关键作用。

（2）品牌体验的五个维度与中间变量的分析

消费者的品牌涉入度越高，认知体验和传播体验对自我概念一致性的影响越大（0.49＜0.55；0.53＜0.58）；认知体验、传播体验、情感体验、关联体验对品牌态度的影响越大（0.68＜0.72；0.22＜0.25；0.45＜0.50；0.40＜0.44）；传播体验和关联体验对主观规范的影响越大（0.57＜0.63；0.29＜0.44）；传播体验对感知行为控制的影响越大（0.50＜0.55）。以上各路径的系数差异都呈现出统计显著性，也符合研究假设的变化趋势。但是，产品体验对品牌态度的影响虽然也随着品牌涉入度的提高而增大（0.36＜0.42），但这种差异没有达到统计上显著，因此品牌涉入度对产品体验与品牌态度的调节作用不显著，调节假设没有得到支持。这说明产品作为品牌的实物载体的功能在逐步弱化，不论是哪个消费群体，都没有将品牌与某些产品直接联系起来，这一结果与同一品牌下产品种类太多有关，也与智能手机企业在品牌推广时更加注重品牌形象等抽象载体有关。

创新点三：依据品牌涉入度的高低将消费者划分为不同群体，实证检验了品牌体验对购买意愿的影响在不同消费群体之间的差异及显著性，证明了品牌涉入度对品牌体验与购买意愿之间关系的调节作用。

5.2 理论进展与实践启示

5.2.1 理论进展

（1）梳理并界定了品牌体验的定义

品牌体验是体验营销理论中的一个重要的研究领域，虽然有很多学者在该领域进行了多年的研究，也取得了一些研究成果，但是始终没有在关键问题上达成一致和共识，这一点从品牌体验的定义就可以看出。学者阿尔巴和哈钦森（1987）、罗斯（2002）、本内特（2004）、马斯卡连哈斯（2006）、特尔布兰奇和博肖夫（2006）、布拉库斯和施密特（2009）等先后对品牌体验的概念从不同的角度进行了界定。由于品牌体验源自顾客体验，是更抽象、更高层的体验方式，所以本研究基于顾客体验的概念，综合考虑了之前学者的研究成果，提炼出各研究的共同之处，结合智能手机行业背景，将品牌体验的概念进行了全面梳理和重新定义，即消费者在对品牌的信息搜集、产品选购、购后服务等整个体验过程中，对品牌所形成的主观的、内在的、个性化的反应，以及品牌传递给消费者的品牌相关刺激物所引发的行为反应。该定义强调消费者与品牌及品牌刺激物的互动，尤其是在情感层面上，通过外部的感官和传播传递到内在，使其有别于顾客体验、品牌态度、品牌联想等相关概念。希望本研究对品牌体验概念的梳理和定义，可以对该领域的未来研究有所参考。

（2）设计开发了品牌体验的测量量表并验证了它在智能手机行业的适用性

很多学者都对品牌体验的内部维度结构和测量提出过不同的观点。克里斯南（1996）提出品牌体验可以分为直接体验和间接体验；本内特（2004）等学者提出品牌体验可以分为内部体验与外部体验；马斯卡连哈斯（2006）等学者将品牌体验划分为物理属性介入力矩、情感介入力矩和价值主张介入力矩；特尔布兰奇和博肖夫（2006）将品牌体验划分为员工与顾客的交互作用、产品价值、商店内部环境、产品分类及多样性和顾客抱怨处理五个因素；最具影响力的研究还是布拉库斯和施密特（2009）等学者提出的感官体验、情感体验、思考体验和行为体验。但是，很少有学者提出自己所提出维度的测量方式，更加缺少相关的定量实证研究。本研究综合考虑了之前学者对品牌体验维度的划分，通过三个层次将品牌体验划分为认知体验、产品体验、传播体验、情感体验和关联体验五个维度，并界定了五个维度的概念。品牌体验测量量表的初始题项主要有两个来源：一是借鉴品牌体验、顾客体验、品牌知识等多个相关概念的经典测量量表和题项，这些题项都是经过多次实证研究检验过的成熟题项；二是通过与营销专家、从业人员及消费者的深度访谈，提炼出频率较高的关键词句，并进行汇总和分析，最后再结合智能手机行业的背景与特点，通过预调研分析，确定了十九个题项的正式量表。通过量化分析得出，将品牌体验作为单维度变量测量将弱化品牌体验的实际机制与重要意义。品牌体验测量量表的开发是该领域实证量化研究的一次创新，为今后多维度概念的测量研究提供了参考依据。

本研究之所以选择智能手机行业作为研究对象，不仅是因为智能手机行业近年来飞速发展和社会关注度日益提高，更重要的是因为，智能手机行业出现了产品严重同质化与品牌市场份额极不均衡的矛盾现象，这一点在服务性行业中具有相当的代表性，值得进一步探索和研究。经过大规模市场调查，本研究对回收的有效数据进行了一系列的信度与效度检验，最终证明了量表能够准确测量出品牌体验这一概念，并在智能手机行业具有适用性。

（3）探索了品牌体验对消费者购买意愿的影响关系

目前，很多学者对品牌体验的研究都集中在概念、维度结构以及其与品牌忠诚的影响关系上，而品牌体验对消费者行为的影响方面的研究却很少。人们对于品牌体验与消费者行为的关系的认识还停留在主观推论层面，缺乏定量的实证研究。本研究将品牌体验的相关研究与消费者行为学的理论相结合，深入探讨了品牌体验对消费者购买意愿的影响机制，定量地证明和解释了品牌体验对消费者行为的影响路径，揭示了在不同品牌涉入度的消费群体之间，品牌体验对消费者行为的影响差异及相关中介变量，提出了带有中介效应和调节作用的结构关系链，证明了品牌涉入度的调节作用，并指出自我概念一致性、品牌态度、主观规范及感知行为控制等中介变量在品牌体验五维度与消费者购买意愿之间所起到的不同的中介作用，从量化的角度丰富了品牌体验的研究领域，为后续的研究打下了理论基础。

（4）丰富了传统的计划行为理论模型

通过文献调研发现，很多学者都对传统的计划行为理论模型进行了延伸和拓展，比如巴戈齐和纳塔拉扬（1999）[82]、刑逸玲（2002）、陈建亮（2005）、李华敏（2009）[84]等将单一变量、模型、理论等与计划行为理论相结合，组成新的模型来预测人们的行为能力，丰富了传统计划行为理论的内容，提升了模型整体的预测能力。本研究结合智能手机行业的特殊背景与消费者特点，将自我概念一致性与传统计划行为理论相结合，通过实证检验的方法，证明自我概念一致性的加入使整个模型的拟合度更好，预测能力更强，丰富了消费者行为的预测因素，创新了传统的计划行为理论模型。

5.2.2　实践启示

本研究在理论上探索了品牌体验的内部维度结构及其对消费者购买意愿的影响路径，对智能手机企业未来的品牌推广、自身营销问题的诊断以及消费者消费趋势的把握都具有积极的现实意义和启示。

（1）帮助企业找到品牌营销与体验营销的工作方向

品牌体验在学术上是一个重要的研究课题，而对于企业来说，更是一个陌生的概念。多数企业对于品牌体验的相关研究知之甚少，当要在品牌与消费者之间建立互动关系时，不知道如何下手，也不知道应从哪些方面展开，品牌推广工作进展缓慢。本研究将品牌体验的概念加以界定，并将之划分为五个维度，使企业在弄清品牌体验意义的同时，找到实施品牌推广体验的方向。从维度划分来看，企业应该从五个方面着手，第一，建立清晰统一的品牌识别系统，包括标识、名称、品牌宗旨、品牌定位等，使消费者在抽象层面建立对品牌的认知，并对品牌形象加以识别和评价，引导消费者对品牌形象产生正面认识，对品牌具有良好感知。第二，突出产品的特色，包括产品的外观设计、功能、操作性等，使消费者以产品为实物载体，对品牌产生现实认知并进行评价。通过产品在外形、功用、操作等方面带来的良好体验感受，增强消费者对该品牌的信任和偏好，逐步形成较高的满意度和忠诚度，进而达到消费者购买和多次购买的市场效果。第三，形成多渠道的传播方式，包括电视、报刊、广播等传统媒体和微博、微信等新媒体，使消费者在感官上反复受到品牌的刺激。通过新颖多变的方式吸引消费者的好奇，激发消费者的联想力，使消费者愿意主动地、积极地了解品牌，加深品牌与消费者之间的互动与联系，使品牌及其相关产品成为消费者生活中随处可见、不可缺少的必需品。第四，建立情感联系。通过品牌对消费者的刺激与互动，逐步在消费者的内部建立正面的情感联系，使消费者喜欢该品牌，甚至依恋该品牌。这种情感的内在联系是长期维护客户关系最有力的方式。第五，使该品牌成为社交工具。通过媒体传播和产品功能设计等方式，使该品牌的用户之间可以更好地交流与沟通，逐步形成以该品牌为核心的社交方式，改变消费者原有的生活方式，使该品牌用户的生活和工作更加便捷、高效和有趣。因此，本研究对品牌体验的概念界定和维度划分将帮助企业找到品牌体验推广工作的新方向和新思路。

（2）**诊断并解决企业在品牌体验营销中的实际问题**

目前，很多企业都在开展品牌体验营销活动，但由于受到行业特点、企业规模、经营方式等条件的限制，这些营销活动在实际中的效果有时不及预期。本研究设计了品牌体验五维度的测量量表，它可以作为企业在品牌体验营销活动过程中的诊断工具和评价指标，使企业更清晰地了解品牌体验营销各个环节的优势与劣势，及时发现问题并解决问题，随时控制和评价营销效果，对营销活动的细节和整体都有一个全面的掌控。该量表可以在问题出现时通过调研及时找到症结之所在，帮助企业缩小诊断范围，有针对性地调整和改进。另外，企业可以通过调研，衡量各维度在实际品牌推广工作中的权重，相比较而言，外部体验比内部体验的效果显著，而传播体验应该是品牌推广中最为重要的体验方式。

（3）帮助企业通过品牌体验的方式赢得客户

赢得客户偏好、促使客户实现购买行为是企业一直以来所追求的最终目标。消费者的购买行为更易于被自我概念一致性、品牌态度、主观规范及感知行为控制所影响。相比较而言，品牌态度的影响最大，自我概念一致性的影响其次。在品牌体验对中介变量的影响中，传播体验对自我概念一致性、主观规范和感知行为控制的影响最大，认知体验对品牌态度的影响最大。因此，企业应该在全面推进品牌体验营销的同时，重点关注品牌的传播和品牌形象的建立。品牌传播将通过多种渠道传递品牌的显性信息（如标识、名称、所属企业等）和隐性信息（如品牌内涵、品牌个性、品牌形象等），通过多次反复刺激，使消费者对品牌形象产生自我投射。企业可以利用媒体宣传引导大众偏好，使消费者更轻易地了解更多品牌信息，形成对品牌的偏好和喜爱，进而实现购买行为的产生。本研究将帮助企业找到品牌体验与购买意愿之间的多条影响路径和关键路径，并以此为理论指导，在具体的营销活动中，有针对性地、直接或间接地预测和促发消费者行为。

（4）对于不同的客户群体制定有针对性的品牌体验营销策略

企业要赢得客户，就要为客户提供全方位的服务，满足客户的个性化需求。企业应该针对不同特点的客户群体制定更有针对性的品牌体验营销策略。本研究依据消费者对品牌的涉入度差异，将客户群体划分为高、低涉入者两个样本组，并证明了随着品牌涉入度的提升，品牌体验的五个维度对自我概念一致性、品牌态度、主观规范和感知行为控制等中介变量的影响也越来越大，自我概念一致性、品牌态度和感知行为控制对购买意愿的影响也越来越大，只有主观规范对购买意愿的影响越来越小。这说明品牌涉入度高的群体对于自身对品牌的了解和认识很有信心，外界对他们的认知影响较小，他们的态度和观点不会轻易动摇和改变。企业要想增加客户黏性，建立更加紧密的客户关系，就应该尽力提升消费者的品牌涉入度，通过品牌形象、品牌传播、品牌社交等方式加深消费者对该品牌的认知和了解，激发他们对品牌产品的好奇心与联想力，使消费者愿意主动去关注品牌信息，逐渐成为品牌的追随者和忠诚用户。从研究结论可以看出，以实物为载体的品牌产品对消费者的吸引远不及品牌形象等抽象载体，因此企业应该重点建立明晰的品牌形象，使其与目标客户群体产生联系和共鸣，让目标客户喜欢该品牌，并通过自我投射将自身与品牌形象紧密联系，成为该品牌的忠诚追随者。

5.3　研究局限与展望

品牌体验是品牌经济与体验营销相交叉的重要研究领域，虽然一些学者在该领域进行了研究并取得了一定的成果，但是从整体来看还处于较初级的探索阶段，整个理论体系正在逐渐完善中，还有很多未知且有待于在今后继续探讨和研究的问题。本研究是在该领域又一次探索性的尝试，虽然在设计、分析、检验等过程中采用了科学的方法，也得到一些有价值的结论，但由于受到客观条件和自身能力的局限，仍存在一些不足之处，希望在今后的研究工作中得到进一步的完善。

5.3.1　研究局限

（1）样本选择

本研究选取的调研样本中，18~23岁的样本比例高达57.5%，超过样本总体的一半，再加上36.4%的24~29岁样本，30岁以下的样本比例达到了93.9%，结合月收入的比例，没有收入的样本比例达到62.6%，因此基本可以断定，本研究所选取的样本大多数是年轻的学生群体，虽然该群体是智能手机企业的目标群体，但具有较强购买力和高品位的商务人士也是不可忽视的样本群体，本研究选取的样本有所局限，需要拓展和进一步检验。

（2）量表开发

本研究在对品牌体验这一核心概念进行测量量表开发时，参考了以往学者开发量表的做法，主要通过借鉴经典量表题项和深度访谈两种方式得到初始题项，虽然量表的信度与效度情况良好，但是题项来源存在一定的局限性。

（3）模型构建

本研究在构建理论模型时主要是基于计划行为理论模型，对于因变量行为意愿的影响因素主要选取了态度、主观规范、感知行为控制，另加上自我概念一致性。虽然计划行为理论是该领域较有影响力的理论模型，本研究通过文献调研还补充了自我概念一致性这一变量，但是行为意愿的影响因素很多，比如感知质量等，本研究无法全部进行测量和检验，因此在理论模型中，影响行为意愿的因素不够全面，存在一定局限。

（4）调节变量

本研究只考察了品牌涉入度的高低差异对品牌体验与购买意愿之间关系的调节作用，另外还有一些统计变量也可能会对品牌体验和购买意愿的关系具有调节作用，但没有逐一验证。

5.3.2　研究展望

（1）丰富研究样本

在后续研究中，可以将研究样本进行拓展，除了年轻的学生群体之外，也要重视企业白领和成熟的商务人士，他们对品牌有自己独特的认知和理解，也具有一定的品位，对品牌也比较看重和挑剔。因此，可以将研究样本进行拓展和丰富，尽可能地包含多个年龄段、多种职业、多个社会阶层的样本，将丰富后的样本带入理论模型进行分析和检验，并将结论与本研究结论相比较。

（2）不同的维度划分与量表开发

本研究在对品牌体验进行维度划分时，综合考虑了之前学者的观点，建议在今后的研究中创新划分方式，从不同的角度对品牌体验进行维度划分，更好地诠释品牌体验的概念，并针对新的维度划分方法开发相应的测量量表。另外，除了品牌体验这一核心概念之外，其他变量也可以寻求新的测量方式，比如态度的测量，可以细化成认知态度和情感态度，进而进行比较分析和检验。

（3）探索新的行为意愿的影响因素

行为意愿是消费者行为学中的重要概念，也是学者研究的热点问题。影响行为意愿的因素很多，经过多年的研究，出现了理性行为理论、计划行为理论、科技接受模型等较有影响力的经典理论与模型，也总结出了自我概念、感知质量等一系列的影响因素。在今后的研究工作中，希望能够探索出新的影响行为意愿的因素，丰富该领域的知识，进而形成新的变量组合，探索新的变量关系。

（4）探查其他变量的调节作用

在后续研究中可以考察其他的统计变量对品牌体验和购买意愿之间关系的调节作用，比如国内与国外的消费者对比、文化背景、性别等。不同国别或不同的文化背景的消费者，在接收到品牌传递的体验时，可能会表现出不同的反应和侧重点，进而可能会对消费者的行为及意愿产生一定的调节作用。而性别则是当今研究的另一个热点问题，尤其是男女在消费时的不同思维、不同感受、不同行为都已经引起了营销领域的学者的重视，特别是对于品牌的追求和购买，值得深入地探讨其中的差异及其他相关问题。

参考文献

[1]　JOSEPH B P, JAMES H G. The experience economy [M]. Boston: Harvard Business School Press, 1999: 13-18.

[2]　REBEKAH B, CHARMINE E J, JANET R M. Experience as a moderator of involvement and satisfaction on brand loyalty in a business-to-business setting [J]. Industrial Marketing Management, 2005, 34 (1): 97 - 107.

[3]　PINE B J, GILMORE J H. The experience economy: Work is theatre and every business a stage [M]. Boston: Harvard Business School Press, 1999: 23-39.

[4]　SCHMITT B H. Experiential marketing: How to get customers to sense, feel, think, act, relate to your company and brands [M]. New York: The Free Press, 1999: 42-53.

[5]　HIRCHMAN E C, HOLBROOK M B. Hedonic consumption: Emerging concepts, methods and propositions [J]. Journal of Marketing, 1982, 46 (3): 92-101.

[6]　MICHELA A, HOLBROOK M B. On the conceptual link between mass customisation and experiential consumption: An explosion of subjectivity [J]. Journal of Consumer Behaviour, 2001, 1 (1): 50-66.

[7]　ANTONELLA C, BERNARD C. Revisiting consumption experience a

more humble but complete view of the concept [J]. Marketing Theory, 2003, 3 (2): 267-286.

[8]   SHARON P, EMILY B. Understanding brands as experiential spaces: Axiological implications for marketing strategists [J]. Journal of Strategic Marketing, 2006, 14 (2): 175-189.

[9]   JONATHAN B, LEONARD N. Evoking emotion: Affective keys to hotel loyalty [J].The Cornell Hotel and Restaurant Administration Quarterly, 2002, 43 (1): 39-46.

[10]   LASALLE D, BRITON T A. Priceless: Turning ordinary products into extraordinary experience [M].Boston: Harvard Business School Press, 2003: 57-72.

[11]   PRAHALAD C K, VENKAT R. Co-creation experiences: The next practice in value creation [J]. Journal of Interactive Marketing, 2004, 18 (3): 5-14.

[12]   CHIARA G, NICOLA S, GIULIANO N. How to sustain the customer experience: An overview of experience components that co-create value with the customer [J]. European Management Journal, 2007, 25 (5): 395-410.

[13]   ARNOULD E, PRICE L R. Magic: Extraordinary experience and the extended service encounter [J]. Journal of Consumer Research, 1993, 20 (6): 20-45.

[14]   COLIN S, JOHN I. Building great customer experiences [M]. New York: Palgrave Macmillan, 2002: 72-90.

[15]   AHMED R I. Experience marketing: An empirical investigation [J]. Journal of Relationship Marketing, 2011, 10 (3): 167-201.

[16]   马颖杰, 杨德锋. 服务中的人际互动对体验价值形成的影响——品牌价值观的调节作用 [J]. 经济管理, 2014, 36 (6): 86-98.

[17]   申光龙, 彭晓东, 秦鹏飞. 虚拟品牌社区顾客间互动对顾客参与价值共创的影响研究——以体验价值为中介变量 [J]. 管理学报, 2016, 13 (12): 1808-1816.

[18]   曾艳芳, 甘萌雨, 李姝霓, 等. 海上丝绸之路旅游体验价值对旅游者文化传播行为的影响 [J]. 中国生态旅游, 2022, 12 (4): 566-580.

[19]   杨锡山. 西方组织行为学 [M]. 北京: 中国展望出版社, 1986: 8-14.

[20]   王甦, 汪安圣. 认知心理学 [M]. 北京: 北京大学出版社, 1992: 45-62.

[21]　董大海. 基于顾客价值构建竞争优势的理论与方法研究 [M]. 大连：大连理工大学出版社，2003：38-44.

[22]　SCHMITT B H, ZARANTONELLO L, BRAKUS J. Brand experience: What is it? How is it measured? Does it affect loyalty? [J]. Journal of Marketing, 2009, 73 (3): 52-68.

[23]　BERRY L L. Services marketing is different [J]. Business, 1980, 30 (3): 24-29.

[24]　LEWIS B R. Consumer care in service organizations [J]. Marketing Intelligence and Planning, 1989, 7 (5/6): 18-22.

[25]　布里顿，拉萨利. 体验——从平凡到卓越的产品策略 [M]. 王成，龙潜，译.北京：中信出版社，2003：72-88.

[26]　MEYER C, SCHWAGER A. Understanding customer experience [J]. Harvard Business Review, 2007, 85 (2): 116.

[27]　温碧燕，汪纯孝，岑成德. 服务公平性、顾客消费情感与顾客和企业的关系 [M]. 广州：中山大学出版社，2004：23-33.

[28]　JULIE E O, BRENT R. The service experience in tourism [J]. Tourism Management, 1996, 17 (3): 165-174.

[29]　JOHN A C. Service encounters and service relationships: Implications for research [J]. Journal of Business Research, 1990, 20 (1): 13-21.

[30]　DANIEL C B, ETZEL M J. The role of novelty in the pleasure travel experience [J].Journal of Travel Research, 1985, 24 (1): 20-26.

[31]　WILLIAM J H, HOLBROOK M B. The varieties of consumption experience: Comparing two typologies of emotion in consumer behavior [J].Journal of Consumer Research, 1986, 13 (3): 394-404.

[32]　O' SULLIVAN E L, SPANGLER K J. Experience marketing: Strategies for the new millennium [M]. Pennsylvania: Venture Publishing, Inc., 1998: 69-73.

[33]　OH H, FIORE A M, JEOUNG M. Measuring experience economy concepts: Tourism applications [J]. Journal of Travel Research, 2007, 46 (2): 119-132.

[34]　POULSSON S H G, KALE S H. The experience economy and commercial experiences [J]. The Marketing Review, 2004, 4 (3): 267-277.

[35]　MASCARENHAS O A, KESAVAN R, BERNACCHI M. Lasting customer

loyalty: A total customer experience approach [J]. Journal of Consumer Marketing, 2006, 23 (7): 397-405.

[36] ZHU W Y, HUANGFU Z N, XU D, et al. Evaluating the impact of experience value promotes user voice toward social media: Value co-creation perspective [J]. Frontiers In Psychology, 2022, 13: 969511.

[37] 周兆晴. 体验营销 [M]. 南宁: 广西民族出版社, 2004: 52-74.

[38] 邱晓文. 新经济条件下体验营销的应用 [J]. 经济管理, 2005 (11): 71-73.

[39] 陈建勋. 顾客体验的多层次性及延长其生命周期的战略选择 [J]. 统计与决策, 2005 (12): 109-111.

[40] 范秀成, 杜建刚. 服务质量五维度对服务满意及服务忠诚的影响——基于转型期间中国服务业的一项实证研究 [J]. 管理世界, 2006 (6): 111-118.

[41] 郭红丽, 袁道唯. 顾客体验管理的九个维度 [J]. 销售与市场, 2005 (5): 120-122.

[42] KOTLER P, SINGH R. Marketing warfare in the 1980s [J]. Marketing: Critical Perspectives on Business and Management, 2001 (3): 411-428.

[43] JOSEPH W A, J. WESLEY H. Dimensions of consumer expertise [J]. Journal of Consumer Research, 1987, 13 (4): 411-454.

[44] 张红明. 品牌体验类别及其营销启示 [J]. 商业经济与管理, 2003 (12): 22-25.

[45] 吴水龙, 刘长琳, 卢泰宏. 品牌体验对品牌忠诚的影响: 品牌社区的中介作用 [J]. 商业经济与管理, 2009, 213 (7): 80-90.

[46] KRISHNAN H S. Characteristics of memory associations: A consumer-based brand equity perspective [J]. International Journal of Research in Marketing, 1996, 13 (4): 389-405.

[47] TERBLANCHE N S, BOSHOFF C. The relationship between a satisfactory in-store shopping experience and retailer loyalty [J]. South African Journal of Business Management, 2006, 37 (2): 33-43.

[48] MURPHY S T, ZAJONC R B. Affect, cognition, and awareness: Affective priming with optimal and suboptimal stimulus exposures [J]. Journal of Personality and Social Psychology, 1993, 64 (5): 723.

[49] KELLER K L. Conceptualizing, measuring, and managing customer-

based brand equity [J]. The Journal of Marketing, 1993, 57 (1):
1-22.

[50] AAKER J L. Dimensions of brand personality [J]. Journal of Marketing
research, 1997, 34 (3): 347-356.

[51] JOHAR G V, SENGUPTA J, AAKER J L. Two roads to updating brand
personality impressions: Trait versus evaluative inferencing [J].
Journal of Marketing Research, 2005, 42 (4): 458-469.

[52] WILLIAM J. The principle of psychology [M]. New York: Dover
Publication, 1980: 9-17.

[53] 所罗门. 消费者行为学（中国版）[M]. 卢泰宏，译. 6版. 北京：电子工
业出版社，2006: 43-56.

[54] GRAFF T R. Using promotional messages to manage the effects of
brand and self-image on brand evaluations [J]. Journal of Consumer
Marketing, 1996, 13 (3): 4-18.

[55] LEVY S J. Symbols for sales [J]. Harvard Business Review, 1959, 37
(4): 117-124.

[56] SIRGY M J. Self-concept in consumer behavior: A critical review [J].
Journal of Consumer Research, 1982 (9): 287-300.

[57] SIRGY M J. Using self-congruity and ideal congruity to predict purchase
motivation [J]. Journal of Business Research, 1985, 13 (3):
195-206.

[58] SHAVELSON R J, HUBNER J J, STANTON G C. Self-concept:
Validation of construct interpretations [J]. Review of Educational
Research, 1976, 46 (3): 407-441.

[59] SIRGY M J, GREWAL T. Mangleburg retail environment, self-
congruity and retail patronage: An integrative model and a research
agenda [J]. Journal of Business Research, 2000, 49 (2): 127-138.

[60] 布朗，布朗. 自我 [M]. 王伟平，陈浩莺，译. 北京：人民邮电出版社，
2004: 31-56.

[61] 郑涌，黄希庭. 自我概念的结构：II. 大学生自我概念维度的因素探析
[J]. 西南师范大学学报（哲学社会科学版），1998 (5): 55-60.

[62] 杨晓燕. 中国女性自我概念与消费态度 [J]. 南方经济，2002, 11 (6):
67-69.

[63] 符国群. 消费者行为学 [M]. 北京：高等教育出版社，2001: 62-68.

[64] 曾智. 大学生自我概念与消费行为研究 [D]. 南京：南京师范大学，2004.

[65] 梁海红. 男性消费者自我概念模型及实证研究——以杭州市为例 [J]. 江苏商论, 2006 (12): 17-19.

[66] 曾德明, 张婷森. 男性消费者自我概念模型构建之研究 [J]. 湖南大学学报 (社会科学版), 2008, 22 (1): 58-61.

[67] AJZEN I, FISHBEIN M. The influence of attitudes on behavior [M] // The handbook of attitudes. Mahwah, NJ: Lawrence Erlbaum Associates, 2005: 173-221.

[68] FISHBEIN M, AJZEN I. Belief, attitude, intention and behavior: An introduction to theory and research [M]. MA: Addison-Wesley, 1975: 73-88.

[69] AJZEN I, FISHBEIN M. Understanding attitudes and predicting social behavior [M] .NJ: Prentice-Hall, Inc., 1980: 15-27.

[70] 毛志雄. 中国部分项目运动员对兴奋剂的态度和意向: TRA 与 TPB 两个理论模型的检验 [D]. 北京: 北京体育大学, 2001.

[71] LISKA A E. A critical examination of the causal structure of the Fishbein/Ajzen attitude-behavior model [J]. Social Psychology Quarterly, 1984, 47 (5): 61-74.

[72] CHATZOGLOU P D, VRAIMAKI E. Knowledge-sharing behaviour of bank employees in Greece [J]. Business Process Management Journal, 2009, 15 (2): 245-266.

[73] CORDANO M, FRIEZE I H. Pollution reduction preferences of US environmental managers: Applying Ajzen's theory of planned behavior [J]. Academy of Management Journal, 2000, 43 (4): 627-641.

[74] AJZEN I. The theory of planned behavior [J]. Organizational Behavior and Human Decision Processes, 1991, 50 (2): 179-211.

[75] AJZEN I. Perceived behavioral control, self-efficacy, locus of control, and the theory of planned behavior1 [J]. Journal of Applied Social Psychology, 2002, 32 (4): 665-683.

[76] CARR J C, SEQUEIRA J M. Prior family business exposure as intergenerational influence and entrepreneurial intent: A theory of planned behavior approach [J]. Journal of Business Research, 2007, 60 (10): 1090-1098.

[77] STONE T H, JAWAHAR I M, KISAMIRE J L. Using the theory of planned behavior and cheating justifications to predict academic misconduct [J]. Career Development International, 2009, 14 (3):

221-241.

[78] REKOLA E P M. The theory of planned behavior in predicting willingness to pay for abatement of forest regeneration [J]. Society & Natural Resources, 2001, 14 (2): 93-106.

[79] AJZEN I, DRIVER B L. Application of the theory of planned behavior to leisure choice [J]. Journal of Leisure Research, 1992, 24 (3): 207-224.

[80] LIAO S Y, SHAO Y P, WANG H Q. The adoption of virtual banking: An empirical study [J]. International Journal of Information Management, 1999, 19 (3): 63-74.

[81] 冯萍. 消费者网络银行使用意愿实证研究 [D]. 北京: 对外经济贸易大学, 2005.

[82] NATARAAJAN R, BAGOZZI R P. The year 2000: Looking back [J]. Psychology & Marketing, 1999, 16 (8): 631-642.

[83] GEFEN D, KARAHANNA E, STRAUB D W. Inexperience and experience with online stores: The importance of TAM and trust [J]. IEEE Transactions on Engineering Management, 2003, 50 (3): 307-321.

[84] 李华敏. 乡村旅游行为意向形成机制研究 [D]. 杭州: 浙江大学, 2007.

[85] CHEBAT J C, PICARD J. The effects of price and message-sidedness on confidence in product and advertisement with personal involvement as a mediator variable [J]. International Journal of Research in Marketing, 1985, 2 (2): 129-141.

[86] CHURCHILL G A. A paradigm for developing better measures of marketing constructs [J]. Journal of Marketing Research, 1979, 16 (2): 64-73.

[87] MICHELL P, PEAST J, LYNCH J. Exploring the foundations of trust [J]. Journal of Marketing Management, 1998, 14 (1): 159-172.

[88] BABBIE E. The practice of social research. [M]. 8th ed. CA: Wadsworth Pub. Co., 1998.

[89] 朱世平. 体验营销及其模型构造 [J]. 商业经济与管理, 2003 (5): 25-27.

[90] NUNNALLY J C, BERSTEIN I H. Psychometric theory [M]. New York: McGraw-Hall, 1994: 36-42.

[91] 王高. 顾客价值与企业竞争优势——以手机行业为例 [J]. 管理世界, 2004 (10): 97-113.

［92］ RUEKERT R W, GILBERT A, CHURCHILL J R. Reliability and validity of alternative measures of channel member satisfaction ［J］. Journal of Marketing Research, 1984, 21: 226-233.

［93］ ZAICHKOWSKY L J. Measuring the involvement construct ［J］. Journal of Consumer Research, 1985, 12 (4): 341-352.

［94］ BARCLAY D, HIGGINS C, THOMPSON R. The partial least squares approach to causal modeling: Personal computer adoption and use as an illustration ［J］. Technology Studies, 1995, 2 (2): 285-309.

［95］ HAIR J F, ANDERSON R E, TATHAM R L. Multivariate data analysis ［M］.5th ed. New York: Macmillan, 1998: 44-55.

［96］ STRAUB D W. Validating instruments in MIS research ［J］. MIS Quarterly, 1989, 2 (13): 147-169.

［97］ KAISER H F. An index of factorial simplicity ［J］. Psychometrical, 1974, 39 (1): 31-36.

［98］ FORNELL C, LARCKER D F. Evaluating structural equation models with unobservable and measurement errors ［J］. Journal of Marketing Research, 1981, 18 (1): 39-50.

［99］ HECKLER C E. A step-by-step approach to using the SAS system for factor analysis and structural equation modeling ［J］.Technometrics, 1996, 38 (3): 296-297.

［100］ AHIRE S L, GOLHAR D Y, WALLER M A. Development and validation of TQM implementation constructs ［J］. Decision Science, 1996, 27 (1): 23-56.

［101］ ADERSON J C. An approach for confirmatory measurement and structural equation modeling of organizational properties ［J］. Management Science, 1987, 33 (4): 525-541.

［102］ BAGOZZI R P, PHILLIPS L W. Representing and testing organizational theories: A holistic construal ［J］. Administrative Science Quarterly, 1982, 27 (3): 459-489.

［103］ VENKATRAMAN N. Strategic orientation of business enterprises: The construct, dimensionality and measurement ［J］. Management Science, 1989, 35 (8): 942-962.

［104］ CHIN W W, TODD P. On the use, usefulness, and ease of use of structural equation modeling in MIS research: A note of caution ［J］. MIS Quarterly, 1995, 19 (2): 237-246.

［105］屠文淑. 社会心理学理论与应用［M］. 北京：人民出版社，2002：21-28.

［106］Bagozzi R P，BURNKRANT R B. Attitude measurement and behavior change：A reconsideration of attitude organization and its relationship to behavior［J］. Advances in Consumer Research，1979，6（1）：295-302.

［107］CRITES S L，FABRIGAR L R，PETTY R E. Measuring the affective and cognitive properties of attitudes：Conceptual and methodological issues［J］. Personality and Social Psychology Bulletin，1994，20（6）：619-634.

［108］MANSTEAD A S R，PARKER D. Evaluating and extending the theory of planned behaviour［J］. European Reviews of Social Psychology，1995，6（1）：69-95.

［109］VAN DER PLIGT J，ZEELENBERG M，VAN DIJK W W，et al. Affect, attitudes and decisions：Let's be more specific［J］. European Reviews of Social Psychology，1997，8（1）：33-66.

［110］FRENCH D P. The importance of affective beliefs and attitudes in the theory of planned behavior：Predicting intention to increase physical activity［J］. Journal of Applied Social Psychology，2005，35（9），1824-1848.

［111］ASTROM A N，RISE J. Young adults' intention to eat healthy food：Extending the theory of planned behavior［J］. Psychology and Health，2001，16（2）：223-237.

［112］NYSVEEN H，PEDERSEN P E，THORBJØRNSEN H，et al. Mobilizing the brand：The effects of mobile services on brand relationships and main channel use［J］. Journal of Service Research，2005，7（3）：257-276.

［113］ARMITAGE C J，CONNER M. Efficacy of the theory of planned behaviour：A meta-analytic review［J］. British Journal of Social Psychology，2001，40（4）：471-499.

［114］FULLERTON G. The impact of brand commitment on loyalty to retail service brands［J］. Canadian Journal of Administrative Sciences，2005，22（2）：97-110.

［115］FOURNIER S. Consumers and their brands：Developing relationship theory in consumer research［J］. Journal of Consumer Research，

1998, 24（4）: 343-353.

[116] AHLUWALIA R, BURNKRANT R E, UNNAVA H R. Consumer response to negative publicity: The moderating role of commitment [J]. Journal of Marketing Research, 2000, 37（2）: 203-214.

[117] BETTMAN J R. Consumer psychology [J]. Annual Review of Psychology, 1986, 37（1）: 257-289.

[118] EAGLY A H, CHAIKEN S. The psychology of attitudes [M]. TX: Harcourt Brace Jovanovich, 1993: 19-24.

[119] WILLIAM B, DODDS, KENT B M, et al. Effects of price, brand, and store information on buyers' product evaluations [J]. Journal of Marketing Research, 1991, 28（8）: 307-319.

[120] KOBALLA JR T R. The determinants of female junior high school students' intentions to enroll in elective physical science courses in high school: Testing the applicability of the theory of reasoned action [J]. Journal of Research in Science Teaching, 1988, 25（6）: 479-492.

[121] SHEPPARD B H. The theory of reasoned action: A meta-analysis of past research with recommendations for modifications and future research [J]. Journal of Consumer Research, 1988, 15（3）: 325-343.

[122] RICHARD P B, JOHANN B. An investigation into the role of intentions as mediators of the attitude-behavior relationship [J]. Journal of Economic Psychology, 1989, 10（1）: 35-62.

[123] EDWARD F M. An alternative to purchase intentions: The role of prior behavior in consumer expenditures on computers [J]. Journal of the Marketing Research Society, 1988, 30（10）: 407-437.

[124] PAUL S R, ALAN S D, ARUN K J. Extrinsic and intrinsic cue effects on perceptions of store brand quality [J]. Journal of Marketing, 1994, 58（4）: 28-36.

[125] KLEINE R E, KLEINE S S, KERNAN J B. Mundane consumption and the self: A social-identity perspective [J]. Journal of Consumer Psychology, 1993, 2（3）: 209-235.

[126] CHANG P L, CHIENG M H. Building consumer - brand relationship: A cross - cultural experiential view [J]. Psychology & Marketing, 2006, 23（11）: 927-959.

［127］ YOON S J，PARK J E. Do sensory ad appeals influence brand attitude?
［J］. Journal of Business Research，2012，65（11）：1534-1542.

［128］ BROWN S P，STAYMAN D M. Antecedents and consequences of
attitude toward the ad：A meta-analysis ［J］. Journal of consumer
research，1992，19：34-51.

［129］ RILEY F D，CHERNATONY L D. The service brand as relationships
builder ［J］. British Journal of Management，2000，11（2）：137-150.

［130］ PULLMAN M E，GROSS M A. Ability of experience design elements to
elicit emotions and loyalty behaviors ［J］. Decision Sciences，2004，35
（3）：551-578.

［131］ CIALDINI R B，KALLGREN C A，RENO R R. A focus theory of
normative conductt：A theoretical refinement and reevaluation of the
role of norms in human behavior ［J］Advances in Experimental Social
Psychology，1991，24：201-234.

［132］ AJZEN I. From intentions to actions：A theory of planned behavior ［M］.
Heidelberg：Springer Publishing Company，1985，11-39.

［133］ FAZIO R H，ZANNA M P. Direct experience and attitude-behavior
consistency ［J］. Advances in Experimental Social Psychology，1981，
14：161-202.

［134］ 曹高举. 消费者自我概念、生活方式与选购产品品牌个性关系的研究
［D］. 杭州：浙江大学，2005.

［135］ ESCALAS J E，BETTMAN J R. You are what they eat：The influence of
reference groups on consumers' connections to brands ［J］. Journal of
Consumer Psychology，2003，13（3）：339-348.

［136］ ZARANTONELLO L，SCHMITT B H. Using the brand experience scale to
profile consumers and predict consumer behaviour ［J］. Journal of
Brand Management，2010，17（7）：532-540.

［137］ 董玉. 传统媒体微博营销对消费者品牌态度的影响研究 ［D］. 广州：暨南
大学，2011.

［138］ PAVLOU P A，FYGENSON M. Understanding and predicting electronic
commerce adoption：An extension of the theory of planned behavior
［J］. MIS Quarterly，2006，6（301）：115-143.

［139］ LAM T，CHO V，QU H. A study of hotel employee behavioral intentions
towards adoption of information technology ［J］. International Journal
of Hospitality Management，2007，26（1）：49-65.

[140] BRESNAHAN M, LEE S Y, SMITH S W, et al. A theory of planned behavior study of college students' intention to register as organ donors in Japan, Korea, and the United States [J]. Health Communication, 2007, 21 (3): 201-211.

[141] AJZEN I, MADDEN T J. Prediction of goal-directed behavior: Attitudes, intentions, and perceived behavioral control [J]. Journal of Experimental Social Psychology, 1986, 22 (5): 453-474.

[142] PEDERSEN P E. Instrumentality challenged: The adoption of a mobile parking service [M] //Mobile Communications. London: Springer, 2005: 373-388.

[143] 科特勒. 市场营销管理 (亚洲版) [M]. 郭国庆, 等译. 北京: 中国人民大学出版社, 1997: 58-74.

[144] YU J, HA I, CHOI M, et al. Extending the TAM for a t-commerce [J]. Information & Management, 2005, 42 (7): 965-976.

[145] LIAO Z, LANDRY J R. An empirical study on organizational acceptance of new information systems in a commercial bank environment [C] // Proceedings of the 33rd Annual Hawaii International Conference on System Sciences. Hawaii: IEEE Computer Society, 2000: 7.

[146] FITZMAURICE J. Incorporating consumers' motivations into the theory of reasoned action [J]. Psychology & Marketing, 2005, 22 (11): 911-929.

[147] TRAFIMOW D, SHEERAN P. Some tests of the distinction between cognitive and affective beliefs [J]. Journal of Experimental Social Psychology, 1998, 34 (4): 378-397.

[148] TRAFIMOW D, KIEKEL P A, CLASON D. The simultaneous consideration of between-participants and within-participants analyses in research on predictors of behaviours: The issue of dependence [J]. European Journal of Social Psychology, 2004, 34 (6): 703-711.

[149] BAGOZZI R P, WONG N, ABE S, et al. Cultural and situational contingencies and the theory of reasoned action: Application to fast food restaurant consumption [J]. Journal of Consumer Psychology, 2000, 9 (2): 97-106.

[150] PERUGINI M, BAGOZZI R P. The role of desires and anticipated emotions in goal-directed behaviours: Broadening and deepening the theory of planned behaviour [J]. British Journal of Social Psychology,

2001，40（1）：79-98.

[151] BAGOZZI R P，LEE K H，VAN L M F. Decisions to donate bone marrow：The role of attitudes and subjective norms across cultures [J]. Psychology and Health，2001，16（1）：29-56.

[152] TAYLOR S，TODD P A. Understanding information technology usage：A test of competing models [J]. Information Systems Research，1995，6（2）：144-176.

[153] PATWARDHAN S，BANERJEE S，PEDERSEN T. Using measures of semantic relatedness for word sense disambiguation [C] //Proceedings of the 4th International Conference on Intelligent Text Processing and Computational Linguistics. Berlin：Springer Verlag，2003：241-257.

[154] 黄胜兵，卢泰宏. 品牌个性维度的本土化研究 [J]. 南开管理评论，2003，6（1）：4-9.

[155] VALOIS P，DESHARNAIS R，GODIN G. A comparison of the Fishbein and Ajzen and the Triandis attitudinal models for the prediction of exercise intention and behavior [J]. Journal of Behavioral Medicine，1988，11（5）：459-472.

[156] RYAN M J. Behavioral intention formation：The interdependency of attitudinal and social influence variables [J]. Journal of Consumer Research，1982，9（3）：263-278.

[157] 韩小芸，汪纯孝. 服务性企业顾客满意感与忠诚感关系 [M]. 北京：清华大学出版社，2003：16-31.

[158] WILLIAMS L J，ANDERSON S E. Job satisfaction and organizational commitment as predictors of organizational citizenship and in-role behaviors [J]. Journal of Management，1991，17（3）：601-617.

[159] 汪纯孝，温碧燕，姜彩芬. 服务质量、消费价值、旅客满意感与行为意向 [J]. 南开管理评论，2001（6）：11-15.

[160] OH H. Diners' perceptions of quality，value，and satisfaction：A practical viewpoint [J]. Cornell Hotel and Restaurant Administration Quarterly，2000，41（3）：58-66.

[161] BENTLER P M，CHOU C P. Practical issues in structural modeling [J]. Sociological Methods & Research，1987，16（1）：78-117.

[162] GUNDERSEN M G，HEIDE M，OLSSON U H. Hotel guest satisfaction among business travelers：What are the important factors? [J]. The Cornell Hotel and Restaurant Administration Quarterly，1996，37（2）：

72-81.

[163] REISINGER Y, TURNER L. A cultural analysis of Japanese tourists: Challenges for tourism marketers [J]. European Journal of Marketing, 1999, 33 (11/12): 1203-1227.

[164] CHIN W W. The partial least squares approach for structural equation modeling [J]. Modern Methods for Business Rearch, 1998, 8 (2): 295-336.

[165] SOBEL M E, BOHRNSTEDT G W, BORGATTA E F, et al. Social measurement: Current issues [J].Contemporary sociology, 1983, 12 (3): 326.

[166] SHERIF M, CANTRIL H, YOUNG K. The psychology of ego-involvements: Social attitudes and identifications [M]. New York: Springer Publishing Company, 1947.

[167] KRUGMAN H E. The impact of television advertising: Learning without involvement [J]. Public Opinion Quarterly, 1965, 29 (3): 349-356.

[168] MITTAL B, LEE M S. A causal model of consumer involvement [J]. Journal of Economic Psychology, 1989, 10 (3): 363-389.

[169] LASTOVICKA J L, GARDNER D M. Low involvement versus high involvement cognitive structures [J]. Advances in Consumer Research, 1978, 5 (1): 87-92.

[170] COHEN J. The cost of dichotomization [J]. Applied Psychological Measurement, 1983, 7 (3): 249-253.

[171] ANDREWS J C, DURVASULA S, AKHTER S H. A framework for conceptualizing and measuring the involvement construct in advertising research [J]. Journal of Advertising, 1990, 19 (4): 27-40.

[172] ZAICHKOWSKY J L. Conceptualizing involvement [J]. Journal of Advertising, 1986, 15 (2): 4-34.

[173] HUPFER N T, GARDNER D M. Differential involvement with products and issues: An exploratory study [C] //Proceedings: association for consumer research. MD: Association for Consumer Research, 1971: 262-269.

[174] ROTHSCHILD M L. Perspectives on involvement: Current problems and future directions [J]. Advances in Consumer Research, 1984, 11 (1): 216-217.

[175] LARSON G A, STARKEY C, ZAICHKOWSKY L D. Psychological aspects

of athletic injuries as perceived by athletic trainers [J]. Sport Psychologist, 1996, 10 (1): 37-47.

[176] ROTHCHILD D S. Managing ethnic conflict in Africa: Pressures and incentives for cooperation [M]. Washinton, D. C.: Brookings Institution Press, 1997.

[177] DYER J H, SINGH H. The relational view: Cooperative strategy and sources of interorganizational competitive advantage [J]. Academy of Management Review, 1998, 23 (4): 660-679.

[178] KAPFERER J N, LAURENT G. Further evidence on the consumer involvement profile: Five antecedents of involvement [J]. Psychology & Marketing, 1993, 10 (4): 347-355.

[179] KYLE G, CHICK G. The social nature of leisure involvement [J]. Journal of Leisure Research, 2002, 34 (4): 426-448.

[180] 江宁, 陈建明. 从游客涉入角度对生态旅游景区解说系统满意度研究 [J]. 桂林旅游高等专科学校学报, 2006, 17 (5): 585-587.

[181] 钟志平, 王秀娟. 基于涉入理论的自驾车旅游购物行为实证研究——以少林寺景区为例 [J]. 经济地理, 2009, 29 (10): 1748-1752.

[182] PETTY R E, CACIOPPO J T, GOLDMAN R. Personal involvement as a determinant of argument-based persuasion [J]. Journal of Personality and Social Psychology, 1981, 41 (5): 847.

[183] PETTY R E, CACIOPPO J T, SCHUMANN D. Central and peripheral routes to advertising effectiveness: The moderating role of involvement [J]. Journal of Consumer Research, 1983, 10 (2): 135.

[184] STAYMAN D, HOYER W D, LEONE R. Attribute importance in discounting product features in advertising [C] //American Marketing Association Summer Educators' Conference.Toronto: AMA, 1987.

[185] HASTAK M, PARK J W. Mediators of message sidedness effects on cognitive structure for involved and uninvolved audiences [J]. Advances in Consumer Research, 1990, 17 (1): 329-336.

[186] HAVITZ M E, DIMANCHE F. Leisure involvement revisited: Conceptual conundrums and measurement advances [J]. Journal of Leisure Research, 1997, 29 (3): 245-278.

[187] BEI L T, HESLIN R. The consumer reports mindset: Who seeks value- the involved or the knowledgeable? [J]. Advances in Consumer Research, 1997, 24 (1): 151.

［188］ HU B，YU H. Segmentation by craft selection criteria and shopping involvement ［J］. Tourism Management，2007，28（4）：1079-1092.

［189］ REDONDO Y P，FIERRO J J C. Moderating effect of type of product exchanged in long-term orientation of firm-supplier relationships：An empirical study ［J］. Journal of Product & Brand Management，2005，14（7）：424-437.

索引